UNIVERSITÉ DE FRANCE.

ACADÉMIE DE STRASBOURG.

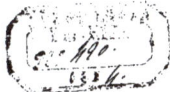

THÈSE
POUR LA LICENCE,

PRÉSENTÉE

A LA FACULTÉ DE DROIT DE STRASBOURG

ET SOUTENUE PUBLIQUEMENT

le samedi 16 décembre 1854, à midi,

PAR

EUGÈNE GREINER,

DE STRASBOURG.

STRASBOURG,

DE L'IMPRIMERIE DE V.e BERGER-LEVRAULT, IMPRIMEUR DE L'ACADÉMIE.

1854.

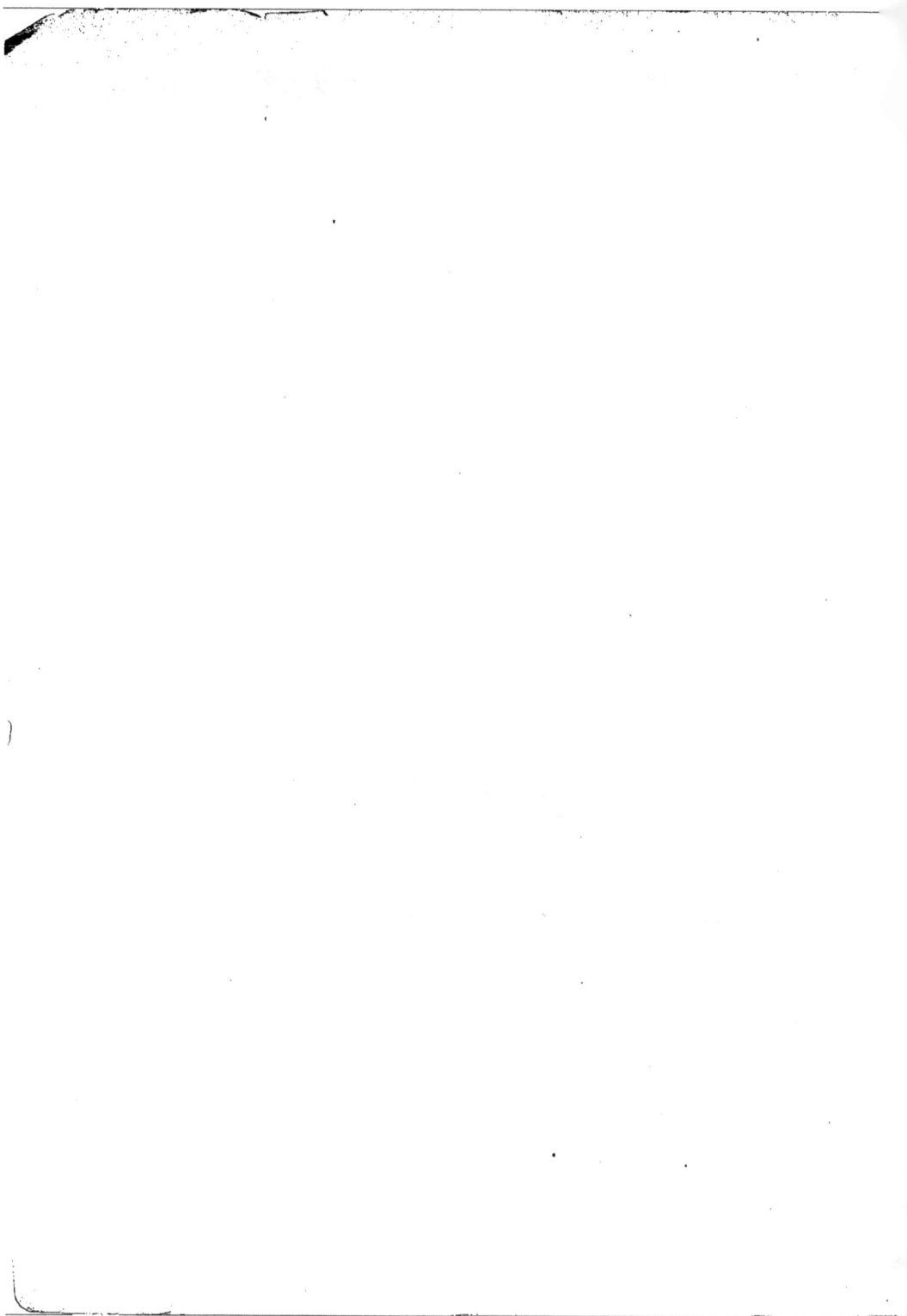

A LA MÉMOIRE DE MON PÈRE.

A MA MÈRE.

E. GREINER.

FACULTÉ DE DROIT DE STRASBOURG.

PROFESSEURS.

MM. AUBRY ✳, doyen. . . . . . Droit civil français.
HEPP ✳ . . . . Droit des gens.
HEIMBURGER . . . . Droit romain.
THIERIET ✳ . . . . Droit commercial.
SCHÜTZENBERGER ✳ . . . . Droit administratif.
RAU ✳ . . . . Droit civil français.
ESCHBACH. . . . . Droit civil français.
LAMACHE ✳. . . . . Droit romain.
N.   Procédure civile et législation crimin.

MM. DESTRAIS, professeur suppléant.
MICHAUX-BELLAIRE, ⎫
BEUDANT,   ⎬ professeurs suppléants provisoires.

M. BLŒCHEL ✳, professeur honoraire.

M. BÉCOURT, officier de l'Université, secrétaire, agent comptable.

M. AUBRY, Président de la thèse.

Examinateurs MM. ⎰ AUBRY.
                  ⎱ LAMACHE.
                  ⎱ HEPP.
                  ⎱ MICHAUX-BELLAIRE.

*La Faculté n'entend ni approuver ni désapprouver les opinions
particulières au candidat.*

JUS ROMANUM.

De solemnitate et conditionibus ad justas nuptias contrahendas requisitis.

Nuptiæ vel matrimonium est viri et mulieris conjunctio, indivi-
duam vitæ consuetudinem continens. [1]

Nuptiæ, ait Modestinus, sunt conjunctio maris et feminæ, consortium omnis vitæ: divini atque humani juris communicatio. [2]

Justæ nuptiæ sunt quæ inter se cives romani secundum præ-
cepta legum contrahunt.

CAPUT PRIMUM.

De solemnitate nuptiarum.

Apud veteres Romanos, tribus modis, mulier in manum mariti
conveniebat scilicet per confarreationem, per coemptionem, per
usum.

---

1. Inst. I, IX, §. 1.
2. D. XXIII, II, fr. 1.

1

Confarreatio ritus erat antiquissimus, introductus a rege Romulo vel Numa; decem testibus præsentibus, sacerdos Jovis, certis verbis farreo secato et cum vervece sacrificato, consacrabat matrimonium; mulier statim in manum mariti conveniebat et filiæ loco habebatur; mari nomen erat viri, mulieri nomen uxoris. Liberi ex his nuptiis orti ad pontificales onores pervenire poterant.

Dissolutio matrimonii, illo modo contracti fiebat ritu contrario, qui diffareatio vocabatur; iste modus ad certas personas tantum pertinebat.

Coemptio ritus erat, quo per mancipationem, per fictam mutuam emptionem, quinque testibus et libripende præsentibus uxor in manum viri conveniebat. Liberi ex istis nuptiis nati non ad pontificales honores perveniebant; iste ritus etiam apud plebeios in usu fuit.

Usu denique, mulier in manum mariti cadebat; non statim ab initio nuptiarum, sed post annalem usum, mulier velut annua possessione usucapiebatur; nisi quoque anno usurpatum iisset trinoctio, id est nisi ex domo mariti abfuisset per tres dies continuos.

Gaii temporibus, ut ipse ait, isti usus partim legibus abrogati, partim desuetudine aboliti erant.

In Justitiani institutionibus nihil de manu, de potestate viri in uxorem suam dictum est, nam mulier non in mariti potestatem conveniebat.

Justæ nuptiæ fiunt consensu et traditione; non consensu solo, sed re. Contractus qui solo consensu perficiuntur non inter solos præsentes sed inter absentes quoque contrahuntur, veluti per epistolam, vel per nuntium[1]; mulier vero absens ex litteris vel nuntio duci a marito non potest, deductione enim opus est, in mariti non in uxoris domum, quasi in domicilium matrimonii; mulier præsens contra, absenti per litteras ejus, vel per nuntium nubere po-

---

1. I. III, XXII; D. XVIII, 1, fr. 2; D. XVII, 1, fr. 1, §. 1.

test, si in domum mariti deduceretur [1]; ex his clare apparet mulieris traditione opus esse, ad justas nuptias constituendas; non est tamen corpore et tactu necesse apprehendere possessionem, sed etiam oculis et affectu, nam pro traditis res habentur, si in re præsenti consenserint. [2]

Nuptiales tabulæ, non faciebant justas nuptias, sed erant instrumenta tantum ad probationem matrimonii, nam neque sine nuptiis instrumenta facta ad probationem matrimonii sunt idonea; diversum veritate continente: neque non interpositis instrumentis, jure contractum matrimonium, irritum est: cum omissa quoque scriptura cætera nuptiarum indicia non sunt irrita. [3]

Nuptiæ probabantur, inter pares honestate personas, nulla lege impediente consortium, ipsorum contrahentium consensu, amicorum fide [4], vicinis vel aliis scientibus. [5]

Caput IV novellæ **LXXIV** [6] dicebat: eos qui in majoribus dignitatibus, usque ad senatores et magnificentissimos illustres esse, non posse nubere ex solo affectu et nuptias eorum sine dotalibus instrumentis non valere, nec ratas esse; vilibus personis vero et militibus armatis obscuris et agricolis, licentiam esse ex non scripto convenire, et matrimonia contrahere inter alterutros; alias personas ad quandam orationis domum venire debere et fatere sanctissimæ illius ecclesiæ defensori: ille autem adhibens tres aut quatuor exinde reverendissimorum clericorum, attestationem conficiebat declarantem: quia sub illa indictione, illa mense, illa die mensis, illo anno, consule illo, venerunt apud eum, in illam orationis domum, ille et illa, et conjuncti sunt alterutri.

---

1. D. XXIII, II, fr. 5.
2. D. XLI, II, fr. 1, §. 21.
3. C. V, IV, 13.
4. C. V, IV, 22.
5. C. V, IV, 9.
6. Auth. Coll. VI, III, cap. IV.

Constitutio LXXXIX imperatoris Leonis, jubet matrimonia sacræ benedictionis testimonio confirmari.

Capite IV novellæ CXVII Justinanus jubet reliquos omnes, præter eos qui maximis dignitatibus decorati sint ex solo affectu celebrare nuptias firmas posse, et ex eis natos legitimos esse filios.[1]

Romani sponsaliis utebantur, quæ sunt mentio et repromissio nuptiarum futurarum.[2]

Sufficit nudus consensus ad constituenda sponsalia[3] ætas contrahentium definita non est, si modo non sint minores septem annis, ut intelligant quod faciunt[4]. Consensus etiam eorum exigendus est quorum in nuptiis desideratur.[5]

CAPUT SECUNDUM.

De conditionibus ad justas nuptias contrahendas necessariis.

Videamus nunc quænam sint conditiones necessariæ ut matrimonium : justum, justæ nuptiæ vocatur, et omnes legitimos effectus producat.

Tres conditiones sunt necessariæ ut nuptiæ contractæ justæ sint : hæ sunt : 1.º pubertas, 2.º consensus, 3.º connubium.

§. 1. De pubertate et viripotentia.

Priscis temporibus ætas pubertatis definita non erat, sed homo puber, mulier viripotens dicebatur, quum ex habitu corporis apparebat eos procreare posse; sed Justinianus indecoram observationem

---

1. A. C. VIII, XVIII, cap. IV.
2. D. XXIII, 1, fr. 1.
3. D. XXIII, 1, fr. 4.
4. D. XXIII, 1, fr. 14.
5. D. XXIII, 1, fr. 7, §. 1.

in examinanda marium pubertate resecans jussit : quemadmodum
fœminæ post impletos duodecim annos omnimodo pubescere judi-
cantur, ita et mares post excessum quatuordecim puberes existi-
mentur, indagatione corporis inhonesta cessante[1]. Matrimonium ante
hanc ætatem contractum non justum erat, sed tunc justæ nuptiæ
fiebat, cum vir quatuordecim annos, cum uxor duodecim annos
explesset [2].

Procreatio, etsi sit ultima ratio matrimonii, tamen nuptiæ non
debent impediri inter masculos et fœminas majores vel minores sexa-
genariis vel quinquagenariis[3]; spadones nuptias validas contrahunt,
castrati vero hoc non possunt[4]; tamen quando aliquis impotens
fuerit coire mulieri et agere quæ a natura viris data sunt : si triennium quidem transcurrat ex nuptiarum tempore, ille vero, quia
pro veritate est vir non ostendat, licebit mulieri vel ejus patribus,
disjungere matrimonium et mittere repudium, vel si noluerit hoc
mulier, atid faciat mulier sine periculo dotis amittendæ; ante nuptias vero seu propter nuptias donatio manet apud virum, marito
servetur[5].

§. 2. De consensu.

Nuptiæ consistere non possunt, nisi consentiant omnes, id est,
qui coeunt, quorumque in potestate sunt[6].

Consensus liber esse debet, itaque nullus ad matrimonium contra-
hendum cogi potest[7]; non sufficit consensus cum quacumque per-

---

1. C. V, LX, 3.
2. D. XXIII, II, fr. 4.
3. C. V, IV, 27.
4. D. XXIII, II, fr. 39, §. 1; D. XXVIII, II, fr. 6.
5. C. V, XVII, 10; A. C. IV, I, Nov. XXII, cap. VI; A. C. VIII, XVIII, Nov. CXVII,
cap. XII.
6. D. XXIII, II, fr. 2.
7. C. V, IV, 12 et 14; D. XXIII, II, fr. 21 et 28.

sona nubere, sed personam ejus demonstrari cui matrimonio jungi consentitur, ut nuptiæ contrahantur, necesse est.[1]

Reverentia non vitiat consensum; itaque si, patre cogente, filiusfamilias ducet uxorem, quam non duceret si sui arbitrii esset, contraxit tamen matrimonium.[2]

Furiosus et amens contrahere matrimonium non possunt, quia consentire nequeunt.[3]

Non sufficit tamen solus contrahentium consensus, eorum etiam, quorum in potestate sunt contrahentes exigitur consensus[4]; id est consensus patrisfamilias. Non igitur consensus matris necessarius erat; item filius adoptione in aliam familiam transgressus, non petebat consensum patris sui naturalis sed adoptivi, cujus in potestate erat; filius vero e patria potestate egressus, nullum petebat consensum; filia minor vigentiquinque annis, etsi emancipata esset, tamen non nubere poterat sine consensu patris; si patris auxilio destituta esset, matris et propinquorum judicium requirere debebat.[5]

Quum patres familias liberos quos habent in potestate, injuria prohibuerint ducere uxores vel nubere, per proconsules præsidesque provinciarum cogi debent eos in matrimonium collocare[6] et dotare.

Sæpe consensus et contrahentium et quorum in potestate sunt non sufficit, sed et eorum petitur consensus quorum in potestatem, patrefamilias mortuo, casuri sunt. Nepote uxorem ducente, dicit Paulus[7], et filius consentire debet, neptis vero, si nubat, voluntas

---

1. D. XXIII, II, fr. 34, pr.
2. Ibid., fr. 22.
3. Ibid., fr. 16, §. 2.
4. I. I, X, pr.
5. C. V, IV, 18 et 20.
6. D. XXIII, II, fr. 19.
7. Ibid., fr. 16, §. 1.

et auctoritas avi sufficiet; quum enim neptis matrimonium contrahit in familiam viri transgredit, et familia filii diminuitur; quum vero nepos, uxor sua in familiam filii venit et ei heres suus agnascitur, et nemini invito suo heres agnasci potest.[1]

Consensus patrisfamilias potest esse tacitus, nam intelligitur semper filiæ pater consentire, nisi evidenter dissentiat[2], et si pater quondam mariti, in cujus fuit potestate cognitis nuptiis non contradixit vereri non debetur nepotem suum ne non agnoscat.[3]

Consensus patrisfamilias nuptias præcedere debet, sed si suum consensum pater post nuptias dedisset, nuptiæ ratæ haberi debent; non tamen a die contractus justæ fiunt, tantum autem ex die rati-habitionis; scilicet ex die quo consensus patris intervenerit.

Liberi dementis vel furiosi cujuscunque sexus, quum pater eorum consentire nequeat, possunt legitimas contrahere nuptias, tam dote quam ante nuptias donatione a curatore præstanda, æstimatione in regia urbe præfecti urbis, in provinciis autem præsidum vel locorum antistitum, tam opinione personæ, quam moderatione dotis et ante nuptias donationis constituenda, præsentibus tam curatoribus dementis vel furiosi, quam his qui ex genere eorum nobiliores sunt.[4]

Is cujus pater ab hostibus captus est, vel ita abest ut ignoretur ubi sit et an sit, si non intra triennium revertatur, potest nuptias legitimas contrahere.[5]

§. 3. *De connubio.*

Connubium est uxoris jure ducendæ facultas.[6]

Priscis temporibus connubium habebant cives romani soli cum

---

1. I. I, XI, §. 7.
2. D. XXIII, 1, fr. 7, in fine.
3. C. V, IV, 5.
4. C. V, IV, 25.
5. D. XXIII, II, fr. 9, §. 1; fr. 10.
6. Ulp. Reg. tit. V, §. 3.

civibus romanis, cum Latinis autem et peregrinis ita si concessum esset[1], sed Antoninus Caracala jus civitatis omnibus imperio romano subjectis dedit, exceptis barbaricis gentibus.

Cum servis nullum est connubium[2], videmus igitur sine civitate et libertate nullum consistere connubium.

Connubium non inter cives romanos semper et omni modo consistit; variæ causæ sunt impedimento justis nuptiis; scilicet cognatio et agnatio, affinitas, denique diversæ causæ.

A. *Cognatio et agnatio.*

Prima causa quæ est impedimento justis nuptiis est cognatio.

Inter eas enim personas quæ parentum liberorumve locum inter se obtinent, contrahi nuptiæ non possunt usque ad infinitum; licet parentes et liberi adoptivi tantum sint, adoptione etiam dissoluta, idem tamen juris manet; tales nuptiæ contractæ, nefariæ et incestæ dicuntur.[3]

Inter eas personas quæ ex transverso gradu cognationis junguntur, quum sunt quarto gradu nuptiæ contrahi possunt[4], dummodo parentum liberorumve locum non obtineant.[5]

Agnatione, ex adoptione nata, dissoluta, libero vel naturale vel adoptivo ex familia misso, impedimentum nuptiis tollitur.[6]

Serviles quoque cognationes impedimento sunt nuptiis; nec vulgo quæsitam filiam pater naturalis potest uxorem ducere : quoniam in contrahendis matrimoniis naturale jus et pudor inspiciendus est.[7]

---

1. Ulp. Reg. tit. V, §. 4.
2. *Ibid.*, §. 5.
3. I. I, X, §. 1; C. V, IV, 17.
4. I. I, X, §. 4; C. V, IV, 10; D. XXIII, II, fr. 3.
5. I. I, X, §§. 3 et 5.
6 D. XXIII, II, fr. 17, pr.
7. D. *Ibid.*, fr. 8; fr. 14, §. 2.

B. *Affinitas.*

Ex affinitate secundo, nascuntur impedimenta nuptiis.

Privignam aut nurum, uxorem ducere non licet, quia utræque filiæ loco sunt; item socrum aut novercam, quia matris loco sunt, uxorem ducere non permissum est; quæ prohibitiones ad omnes gradus ad infinitum extendi debent.[1]

Fratris uxorem ducendi, vel duabus sororibus conjungendi licentia, et dissoluto quocumque modo conjungio, summota est.[2]

Si uxor tua post divortium ex alio filiam procreaverit non poteris hanc filiam uxorem ducere; item nec pater sponsam filii, nec filius sponsam patris potest uxorem ducere[3]; item ejus matrem quam sponsam habui, non posse me uxorem ducere Augustus interpretatus est.[4]

Si quis filium adoptaverit, uxorem ejusdem, quæ nurus loco est, nequidem post emancipationem filii ducere poterit[5]; adoptivus filius, si emancipetur eam quæ patris adoptivi fuit uxor, ducere non potest, quia novercæ locum habet.[6]

Uxorem quondam privigni conjungi matrimonio vitrici non oportet, nec in matrimonium convenire novercam ejus, qui privignæ maritus fuit.[7]

Idem quod in servilibus cognationibus constitutum est, etiam in servilibus affinitatibus servandum est.[8]

---

1. I. I, X, §. 6, 7; D. XXIII, II, fr. 14, §. 4; D. XXXVIII, X, fr. 4, §§. 5, 6, 7; C. V, IV, 17, in fine.
2. C. V, V, 5, 8, 9.
3. I. I, X, §. 9.
4. D. XXIII, II, fr. 14, §. 4, in fine.
5. D. *ibid.*, fr. 14, §. 1.
6. D. *ibid.*, fr. 14, pr.
7. D. *ibid.*, fr. 15.
8. D. *ibid.*, fr. 14, §. 2.

C. Diversæ causæ.

Denique tertio ex diversis causis nuptiis impedimenta oriuntur.

Ita nuptiæ antea contractæ sunt impedimentum secundis nuptiis[1]; et nuptiis dissolutis, morte viri vel divortio, mulier non ante unum annum nubendi habet facultatem.[2]

Nuptiæ ante hoc tempus contractæ, non nullæ sunt, sed qui eas contraxissent, infamia notantur.[3]

Inter Judæos et Christianos nuptiæ prohibentur[4], item inter mulierem et virum qui adulterio versantur[5], inter raptorem et fœminam raptam.[6]

Tutor vel curator pupillam suam nec filio suo nec sibi nuptum collocare potest, ante vigesimum sextum annum, nisi a patre desponsa vel testamento destinata sit.[7]

Qui in provincia officium aliquod gerit, vel ejus filius, ibi domicilium habentem, uxorem ducere non potest.[8]

Senator prohibebatur libertinam, eamve cujus pater materve ludicram artem fecerit, item libertinus prohibebatur senatoris filiam uxorem ducere[9]; postea autem permissum est senatoribus justas nuptias contrahere cum muliere quæ scenicis ludis se immiscuerat inhonestam autem professionem effugerat.[10]

Dediditia et latina libertata sublata, et in civitatem romanam

---

1. I. 1, X, §§. 6, 7; C. V, V, 2.
2. C. V, XVII, 8, §. 4; 9.
3. D. III, II, fr. 1 et fr. 11, §. 1.
4. C. I, IX, 6.
5 A. C. IX, XVII; Nov. CXXXIV, cap. 12.
6. A. C. IX, XXVI; Nov. CXLIII; A. C. IX, XXIII, Nov. CL; C. IX, XIII, 1, §. 1
7. D. XXIII, II, fr. 59; fr. 62, §. 2; fr. 64; fr. 66; C. V, VI, 1.
8. D. XXIII, II, fr. 57, pr. ; fr. 63.
9. D. ibid., fr. 44.
10. C. V, IV, 23, §. 1.

transfusa, senatoribus libertinas uxores sibimet copulare licentia præbita est, nuptialibus vero documentis, dotalibus instrumentis confectis.[1]

Si adversus ea quæ diximus, ait Justinianus[2], aliqui coierint nec vir, nec uxor, nec nuptiæ, nec matrimonium, nec dos intelligitur. Itaque ii, qui ex eo coïtu nascuntur, in potestate patris non sunt, sed sunt tales (quantum ad patriam potestatem pertinet) quales sunt ii quos mater vulgo concepit.

---

1. C. VII, V et VI; A. C. VI, VII; Nov. LXXVIII, cap. III; A. C. VIII, XVIII; Nov. CXVII, cap. VI.

2. I. I, X, §. 12; C. V, VIII.

DROIT CIVIL FRANÇAIS.

Du mariage en général et particulièrement des oppositions au mariage et des demandes en nullité de mariage.

PROLÉGOMÈNES.

L'origine du mariage remonte au berceau de l'humanité.

Cet acte, le plus important dans la vie de l'homme, peut être envisagé sous différents points de vue.

Le philosophe y considérera principalement le rapprochement des deux sexes; le jurisconsulte s'appliquera à étudier le contrat civil qui le forme, et les conséquences civiles, qui en découlent; les canonistes n'y apercevront qu'un sacrement, ou ce qu'ils appellent le contrat ecclésiastique.

Qu'est-ce donc que le mariage en lui-même et indépendamment de toutes les lois civiles et religieuses? c'est ce que nous apprend la définition qu'en donna M. Portalis, dans son Exposé des motifs de la loi relative au mariage; le conseiller d'État s'exprima en ces termes:

« Le mariage est la société de l'homme et de la femme, qui s'unissent « pour perpétuer leur espèce, pour s'aider par des secours mutuels,

«à porter le poids de la vie, et pour partager leur commune des
«tinée. »

Le mariage qui a formé et qui entretient les sociétés domestiques,
si précieuses pour la grande société publique, a dû exciter à un
très-haut point la sollicitude et les règlements du législateur.

En France on n'est arrivé que lentement et avec peine au régime
actuel, qui se trouve de beaucoup supérieur à tous les régimes qui
l'ont précédé.

Avant la révolution, les lois romaines sur le mariage ne formaient
le droit positif d'aucune de nos provinces; nous avions adopté quel-
ques-unes de leurs règles, qui, réunies aux préceptes des lois canoniques, aux dispositions des ordonnances royales et aux arrêts de
règlement, composaient une sorte de code, propre au royaume.[1]

1. Paris, février 1556, Édit contre les mariages clandestins; permet d'exhéréder les enfants,
contractant sans le consentement de leurs père et mère.

Paris, mai 1579 (Ordonnance de Blois) art. 40 à 44: proclamations de bans; témoins; consentement des père, mère, tuteurs ou curateurs; rapt; promesses de mariage.

Paris, décembre 1606, Édit dont l'article 12 porte que les mariages qui n'auront été faits et
célébrés en l'église avec les formes et solennités requises sont nuls et non valablement contractés.

St. Germain en Laye, 27 novembre 1639. Déclaration sur les formalités du mariage, les qualités requises; le crime de rapt, les mariages contractés *in extremis*, ou tenus secrets.

St. Germain en Laye, 2 avril 1666. Règlement sur l'exercice de la religion prétendue réformée.
Art. 10. Les ministres de la religion réformée tiendront registre des baptêmes et mariages qui se
feront entre réformés.

Versailles, 16 février 1692. Déclaration portant que les dispenses et publications de bans seront
énoncées dans les actes de célébration du mariage sous peine de 250 livres d'amende, contre les
curés et vicaires.

Paris, 27 août 1692. Arrêt portant qu'on ne pourra faire de sommations respectueuses, qu'avec
la permission des juges.

Versailles, mars 1697. Édit portant règlement pour les formalités des mariages. Invalidité des
mariages contractés devant d'autres prêtres que les curés des parties contractantes.

Versailles, septembre 1697. Édit portant création de contrôleurs des bans de mariage, dans
les villes, bourgs et paroisses du royaume.

Versailles, novembre 1680. Édit portant que les catholiques ne pourront contracter mariage
avec les religionnaires, et que les enfants qui en proviendront seront illégitimes et incapables de
succéder à leurs père et mère.

L'Église avait élevé le mariage à la sainteté du sacrement, et la puissance séculière fit dépendre l'existence du lien civil, de la bénédiction du prêtre, attestée par lui-même; des ordonnances royales attribuèrent aux curés le caractère public, et les fonctions qu'ont de nos jours les officiers de l'état civil. Mais les souverains temporels, jaloux du pouvoir de l'Église, rendirent plusieurs édits et ordonnances ayant pour but de prescrire diverses formalités en dehors de celles prescrites par le droit canon; d'un autre côté, sous l'empire des idées de tolérance religieuse, on sentit l'inconvénient du cumul des deux fonctions d'officier de l'état civil et de ministre de l'Église, dans les mains du prêtre; on ne pouvait pas obliger les sectateurs de Luther et de Calvin à l'observation des droits canoniques, et à recevoir la bénédiction nuptiale d'un prêtre catholique; aussi un édit de 1787 permit-il aux protestants de faire constater leurs mariages par un officier de la justice civile; la constitution du 3 au 14 septembre 1791, voulant rendre l'État entièrement indépendant de l'Église, proclama en principe que la loi ne considère le mariage que comme un contrat civil; la loi du 20 septembre 1792 établit des officiers publics de l'état civil, pour toutes les personnes, de quelque religion qu'elles fussent, son titre IV nous fait connaître les dispositions destinées à régir le mariage. Enfin vint le Code Napoléon, qui dans son livre I, titre IV, décrété le 17 mars 1803, et promulgué le 27 mars de la même année, établit les règles concernant le mariage civil.

Le mariage étant un des contrats qui intéressent au plus haut point la morale et l'ordre public; d'un autre côté, les officiers publics, appelés à prononcer l'union entre les époux, ne pouvant pas connaître toujours la vérité sur les déclarations qu'on leur fait ou qu'on ne leur fait pas; et n'étant pas appelés à juger de la convenance, de l'opportunité du mariage, on a dû laisser à certaines personnes et pour certains cas, déterminés tous deux par la loi, le droit d'empêcher le mariage de se conclure.

De plus, les précautions pour empêcher les mariages que la loi défend, n'atteignant souvent pas leur but, on a dû nécessairement permettre d'attaquer ceux des mariages qui manquaient à des conditions essentielles, qui blessaient la morale publique, et ordonner que la justice prononçât les nullités établies par la loi.

Notre travail se trouve donc tout naturellement divisé en deux parties. Dans notre premier chapitre nous examinerons d'abord quelles sont les personnes qui peuvent former opposition à un mariage, et dans quels cas elles le peuvent, et ensuite nous verrons les formes à suivre, et comment les oppositions sont jugées (Code Nap. art. 172-179). Dans le second chapitre nous verrons les demandes en nullité de mariage, par qui et dans quels cas elles peuvent être intentées (Code Nap., art. 180-193), et les effets que produisent les mariages annulés (art. 201 et 202).

Cependant le chapitre du Code Napoléon, intitulé des demandes en nullité de mariage, traite encore de la preuve de la célébration du mariage, matière qui n'a aucun rapport, aucune relation avec les demandes en nullité; nous ajouterons donc, à nos deux chapitres, un troisième, qui traitera de la preuve de la célébration du mariage (art. 194 à 200).

CHAPITRE PREMIER.

Des oppositions.

SECTION PREMIÈRE.

Les oppositions qui suspendent la célébration du mariage, et appellent les tribunaux à statuer par avance sur sa légalité, ont dû être admises, soit pour assurer l'observation des empêchements prohibitifs, soit parce qu'il vaut mieux empêcher et prévenir le mal que d'avoir à le réparer.

A quoi serviraient, en effet, les conditions et les formalités prescrites pour la célébration du mariage, si personne n'avait action, pour empêcher qu'elles ne soient éludées, enfreintes. Cependant, il ne faut pas non plus que le droit d'opposition appartienne à tout le monde, ni que l'on puisse former opposition pour le moindre prétexte; car, comme l'a dit M. Portalis, dans son Exposé des motifs: « il a existé un temps, et ce temps n'est pas loin de nous, où, sous « le prétexte de la plus légère inégalité dans la fortune ou la con-« dition, on osait former opposition à un mariage honnête et rai-« sonnable. »

C'est pourquoi, à moins qu'on ne veuille voir chaque mariage devenir une cause de scandale public et de trouble dans la société, il fallait restreindre le droit d'opposition dans de certaines limites, ne l'accorder qu'à certaines personnes déterminées et pour certains cas.

Les limites dans lesquelles la loi a resserré le droit d'opposition, ne sont-elles pas assez étroites? L'intérêt des familles est-il suffisamment garanti? Fallait-il, au contraire, restreindre davantage encore la faculté de former un engagement, qui toujours intéresse celui qui le forme plus que toute autre personne, mais qui influe aussi à un si haut degré sur l'ordre social et les intérêts des nations? « Ce sont « là, dit M. Duranton, des questions théoriques susceptibles d'être « jugées en sens divers, suivant la manière d'envisager les inconvé-« nients de l'un et l'autre système. Quoi qu'il en soit, c'est après avoir « mûrement pesé les uns et les autres que le législateur a cru devoir « poser ces limites. »

Cependant, nous croyons avec la majorité des auteurs et avec M. Duranton lui-même[1], que le droit d'opposition n'a été accordé que dans un trop petit nombre de cas et a été restreint à trop peu de personnes.

---

[1]. Duranton, tome II, pag. 140, n° 102; Marcadé, I, pag. 173, n° 2; Vazeille, Traité du mariage, I, page 215 et suiv., et n° 105, pages 224 et 225.

Nougarède, Jurisprudence du mariage, liv. VII, chap. VII, n° 3.

Voyons donc à quelles personnes le Code confère le droit de former opposition.

L'art. 172 permet de former opposition à la célébration du mariage, à la personne engagée par mariage avec l'une des parties contractantes.

Rien de plus juste que de permettre à l'un des époux, d'empêcher l'autre de convoler en de secondes noces, car la qualité même de cet époux est la preuve d'un empêchement dirimant au mariage projeté; de plus, il fallait nécessairement permettre à cet époux de défendre son titre et ses droits.

Le droit de former opposition appartient-il à celui qui se présenterait avec une simple promesse de mariage? Évidemment non. L'opposition n'est admissible, que dans les cas spécialement désignés par la loi; le Code permet ici l'opposition seulement pour empêcher un second lien de se former avant la dissolution du premier; l'opposant devra donc, pour ne pas être repoussé dans sa demande, se munir de l'acte de célébration de son mariage, établir la preuve de ce premier mariage qu'il invoque.

Le seul effet que puisse avoir une promesse de mariage non exécutée, c'est de faire condamner celui qui refuse d'exécuter sa promesse, sans avoir de motif légitime, à des dommages-intérêts envers la partie plaignante, si du refus est résulté pour cette dernière, un dommage quelconque.[1]

L'art. 172 n'accorde le droit de former opposition, qu'à la personne engagée par mariage à l'une des parties contractantes : ainsi les enfants d'un époux, sans honneur et sans foi, ne pourront pas s'opposer au nouveau mariage que leur père ou leur mère va contracter; car ils ne peuvent attaquer cette union, que lorsqu'ils y ont un intérêt né et actuel (art. 187). Si le conjoint bigame est absent, le

---

1. Duranton, II, page 137, n° 187; Vazeille, I, n°s 145 et suiv., pages 191 à 207; Zachariæ, édition Aubry et Rau, III, page 233, note 25.

ministère public même ne pourra pas attaquer l'union, car l'art. 139 ne donne d'action qu'à l'absent ou à son fondé de pouvoir, muni de la preuve de son existence.

Vient maintenant une autre classe de personnes dont le droit d'opposition dérive du droit qu'elles ont de consentir au mariage. Ce sont les ascendants; l'art. 173 qui les concerne est ainsi conçu :

« Le père, et à défaut du père, la mère, et à défaut de père et « mère, les aïeuls et aïeules peuvent former opposition au mariage « de leurs enfants et descendants, encore que ceux-ci aient vingt-« cinq ans accomplis. »

Lors de la discussion au Conseil d'État, séance du 4 vendémiaire an X [1], le consul Lebrun fit observer que la rédaction de cet article, qui était le premier du chapitre, n'était pas assez claire, qu'il faudrait dire : « Le père, et à défaut du père, la mère, et au défaut « du père et de la mère, les aïeuls et à défaut des aïeuls, les aïeules, « etc. » Le procès-verbal de la séance porte : l'article est adopté avec cet amendement; cependant la rédaction de l'article est encore telle qu'elle était auparavant, et la correction n'y a pas été faite. Malgré cette omission il faut dire nécessairement, que le droit d'opposition n'appartient à l'aïeule qu'à défaut de l'aïeul de la même ligne, mais concuremment avec l'aïeul de l'autre ligne; en effet, le droit de former opposition dérive, avons-nous dit, du droit de consentir au mariage; or, les art. 148, 149 et 150 fixent l'ordre dans lequel les divers ascendants sont appelés à accorder ou à refuser leur consentement au mariage, c'est donc aussi à ces articles qu'il faut se référer pour voir dans quels cas les aïeules ont le droit de former opposition. L'art. 150, après avoir dit que les aïeuls et aïeules remplacent les père et mère, ajoute, comme l'a fait l'art. 148, que s'il y a dissentiment entre l'aïeul et l'aïeule de la même ligne, le consentement de l'aïeul suffit; l'aïeule est donc mise dans la même po-

---

1. Locré, Législation civ., comm. et crim. de la France, IV, pages 357 et 358, n° 26.

sition que la mère, elle ne peut donc former opposition qu'à défaut de l'aïeul, comme la mère ne le peut qu'à défaut du père.

Une question controversée, c'est de savoir si la mère qui n'a pas été consultée, comme le prescrit implicitement l'art. 148, peut former opposition au mariage de son enfant, malgré le consentement du père. Nous pensons que non; l'art. 173 confère à la mère le droit de former opposition à défaut du père, c'est-à-dire si ce dernier est mort ou dans l'impossibilité de manifester sa volonté; et la loi précisant exactement dans quels cas et à quelles personnes elle accorde le droit de former opposition, on ne peut pas accorder ce droit à des personnes, l'étendre à des cas que la loi ne mentionne pas [1]. Du reste, la mère outragée pourra toujours avertir officieusement l'officier de l'état civil, qu'elle n'a pas été consultée.

L'art. 173 ne parle que des aïeuls et aïeules; mais il est évident que le droit de consentir, ainsi que celui de former opposition au mariage de leurs descendants appartient aussi aux bisaïeuls et autres ascendants, à quelque degré qu'ils soient; le mot aïeul est générique, car l'art. 174 ne fait passer le droit d'opposition aux collatéraux qu'à défaut d'aucun ascendant.

Les ascendants, nous dit encore notre article 173, peuvent former opposition au mariage de leurs descendants, encore que ceux-ci aient atteint l'âge de vingt-cinq ans accomplis, majorité pour le mariage, fixée par les art. 148 et 152; l'art. 176 dispense les ascendants de l'obligation imposée aux autres opposants, de motiver leur opposition.

La cour de Bourges, par un arrêt du 30 mars 1813, avait conclu du droit indéfini d'opposition, accordé aux ascendants, le pouvoir discrétionnaire pour les tribunaux, d'interdire, sur la de-

_____

1. Zachariæ, III, page 264, note 22; Demolombe, III, n° 39; voy. *contra :* Duranton, II, page 62, n° 77, note 3; Vazeille, I, page 153, n° 119; arrêt de la cour de Riom, 30 juin 1817.

mande des parents, les mariages trop indignes que voudraient contracter leurs enfants majeurs de 25 ans.

La cour de Caen, le 9 juin 1813, rendit un arrêt dans le même sens, et bien plus longuement motivé que celui de la cour de Bourges.

Que devient, dit-on, le droit des ascendants de former opposition au mariage de leurs enfants, même âgés de plus de vingt-cinq ans, si le tribunal lève ni plus ni moins l'opposition formée par cet ascendant, pourquoi cette différence établie par la loi pour les ascendants, qui ne motivent pas leur opposition, si on n'en tient pas compte?

M. Portalis, dans son Exposé des motifs, nous répond : « Souvent on n'a aucune raison décisive pour empêcher un mauvais mariage. Mais un père ne peut point renoncer à l'espoir de ramener son enfant par des conseils salutaires; il se rend opposant, parce qu'il sait que le temps est une grande ressource contre les déterminations, qui peuvent tenir à la promptitude de l'esprit à la vivacité du caractère, ou à la fougue des passions.[1]

Du reste, si les ascendants pouvaient former opposition valable, sans motif légal, après la majorité de vingt-cinq ans, de leurs descendants, que signifierait l'art. 152, qui dit qu'un mois après le troisième acte respectueux, on passera outre au mariage; à quoi servirait l'art. 153. D'une main on donnerait aux enfants, par les art. 152 et 153, le droit de se marier, malgré la désapprobation des ascendants, de l'autre on leur reprendrait ce droit, par les dispositions combinées des art. 173 et 176.

La question ayant été portée devant la cour de cassation, la cour suprême cassa l'arrêt de la cour de Bourges, le 7 novembre 1814.

Un arrêt de la cour de Colmar du 5 août 1843 a jugé dans le sens de la cour de cassation, et c'est évidemment cette solution qui est la bonne. Ainsi les oppositions des ascendants au mariage

---

1. Lorré, tome IV; page 501, n° 36.

de leurs enfants majeurs pour le mariage, ne sont admises que lorsqu'elles sont basées sur des prohibitions légales; les tribunaux n'ont pas un pouvoir discrétionnaire pour juger les motifs sur lesquels l'opposant basera son opposition; ils ne pourront admettre que les oppositions ayant pour base un obstacle légal. [1]

Nous passons à une autre classe de personnes, auxquelles la loi confère le droit de former opposition aux mariages. L'art. 174 qui les concerne porte : « A défaut d'aucun ascendant, le frère ou la « sœur, l'oncle ou la tante, le cousin ou la cousine germains, ma- « jeurs, ne peuvent former aucune opposition, que dans les deux « cas suivants :

« 1.° Lorsque le consentement du conseil de famille, requis par « l'art. 160 n'a pas été obtenu;

« 2.° Lorsque l'opposition est fondée sur l'état de démence du « futur époux : cette opposition, dont le tribunal pourra prononcer « mainlevée pure et simple, ne sera jamais reçue, qu'à la charge par « l'opposant de provoquer l'interdiction et d'y faire statuer dans le « délai, qui sera fixé par le jugement. »

Nous voyons que la loi accorde beaucoup moins de confiance aux collatéraux qu'aux ascendants; elle a fort restreint le droit des frères, oncles et cousins, en ne le leur accordant que dans deux cas seulement : le défaut de consentement du conseil de famille, la démence du futur époux.

Il ne faut pas, pour que le droit d'opposition passe aux collatéraux, que les ascendants soient morts, il suffit qu'ils soient dans l'impossibilité de former opposition, comme en cas d'absence ou d'interdiction; on en juge ainsi, par analogie avec l'art. 160, qui fait passer au conseil de famille le droit de consentir au mariage des mineurs de vingt-un ans, quand il n'existe plus aucun ascen-

---

1. Zachariæ, III, page 230, texte et note 8; Duranton II, n° 191 et 192; Vazeille, I, n° 159, page 215; Marcadé, art. 173, n° 2, page 430.

dant, ou qu'ils sont tous dans l'impossibilité de manifester leur volonté.

Le droit des collatéraux ne leur appartient pas collectivement seulement; il n'est pas besoin d'une délibération de ces collatéraux : chacun d'eux séparément, et indépendamment de tous les autres, est investi de ce droit et formera valablement opposition.

Les collatéraux, pour pouvoir former opposition, doivent être majeurs, d'où la conséquence que l'opposition ne pourra être formée ni par le collatéral mineur ni par son tuteur en son nom.

Notre article qui mentionne l'oncle et la tante, comme pouvant s'opposer au mariage de leurs neveu et nièce, n'accorde pas le droit réciproque à ces derniers; la raison en est que l'oncle et la tante *parentum loco habentur*, et que le droit d'opposition ne se concilierait pas avec la soumission et le respect que doivent les enfants aux auteurs de leurs jours.

Les alliés ne sont pas compris non plus dans l'énumération des collatéraux de l'art. 174; il faut donc leur refuser le droit d'opposition; car, quand la loi veut les assimiler aux parents du même degré, elle les mentionne expressément, comme elle le fait dans les art. 161 et 162.

Pour trouver un cas d'application du premier cas, dans lequel la loi permet aux collatéraux de former opposition au mariage, il faut supposer que le mineur, futur époux, ait fait usage d'un faux acte de consentement du conseil, ou d'un faux acte de naissance qui le fit croire majeur; car si l'officier de l'état civil avait connu la minorité du futur époux, et que celui-ci ne lui eût pas remis l'acte de consentement du conseil de famille, il aurait refusé de procéder à la célébration du mariage.

Le second cas de l'article 174, c'est l'état de démence du futur époux.

L'opposition peut être formée avant même que la personne ait été interdite, à plus forte raison serait-elle admise, si l'interdiction avait été prononcée à l'époque où l'on veut célébrer le mariage.

L'interdiction doit-elle être provoquée immédiatement, ou peut-on attendre? Il est évident que si celui au mariage duquel on s'est opposé, en se basant sur son état de démence, ne demande pas la mainlevée de cette opposition, reconnaissant par là la vérité de la déclaration de l'opposant, et renonce à son mariage, il est évident, disons-nous, qu'il ne sera pas nécessaire de poursuivre l'interdiction, et que les choses resteront dans le *statu quo*. Mais il en est autrement, si le futur époux, prétendu fou, assigne l'opposant en mainlevée de son opposition; dans ce cas, il faudra que la demande en interdiction suive immédiatement la demande en mainlevée de l'opposition; de plus, il faudra faire statuer sur l'interdiction, dans le délai que fixera le tribunal. Pendant ce délai, le tribunal maintient provisoirement l'opposition, sauf à en prononcer la mainlevée, dans le cas où l'opposant aurait laissé expirer le délai fixé sans provoquer l'interdiction, ou encore si l'interdiction n'a pas été prononcée par le tribunal compétent, qui n'est pas toujours le tribunal saisi de la demande en mainlevée.

Si la mainlevée est demandée, l'opposant devra se conformer, pour prouver la démence aux prescriptions de l'art. 493, c'est-à-dire, qu'il devra articuler par écrit les faits d'imbécillité ou de démence et présenter les témoins et les pièces.

Cependant, de crainte que l'obligation imposée à l'opposant, de provoquer l'interdiction du futur époux, ne devienne un moyen de suspendre le mariage, par une opposition fondée sur un fausse allégation de démence, la loi a accordé au tribunal la faculté de prononcer mainlevée pure et simple de l'opposition, s'il reconnaît que la démence n'existe pas. M. Tronchet dit en effet lors de la discussion de ce chapitre au Conseil d'État[1] : que le juge en ce cas userait du droit qui lui appartient de faire comparaître d'office le prévenu de démence, de l'examiner, et de prononcer la mainlevée de l'opposition, s'il trouve celle-ci mal fondée. Le tribunal pourrait même

---

1. Séance du 4 vendémiaire an X. Locré, IV, n° 29, page 358.

prononcer la mainlevée de l'opposition, sans faire comparaître le prétendu fou, car l'art. 174 ne met aucune condition au droit du tribunal de prononcer la mainlevée pure et simple.

L'art. 490 accorde à tout parent le droit de provoquer l'interdiction de son parent ; or le rapport qui existe entre l'interdiction et les oppositions, vu que les mêmes faits qui motiveront l'interdiction, servent aussi de base à l'opposition, ne devait-il pas faire accorder aussi le droit de former opposition pour cause de démence à tous les parents : en un mot l'art. 490 ne déroge-t-il pas à l'art. 174. Nous répondrons qu'il pourra arriver souvent que l'interdiction ne soit poursuivie qu'après le mariage, ce qui n'empêchera pas le mariage de rester très-valable, et l'interdit de rester marié; dans ce cas il n'y a donc aucun rapport entre le droit d'oppo ition et le droit de provoquer l'interdiction; d'un autre côté nous avons déjà vu que le législateur, craignant qu'on n'abusât du droit d'opposition, fondé sur la démence du futur époux, avait prescrit certaines conditions pour pouvoir user de ce droit; c'est la même crainte qui lui a fait restreindre ce droit à un nombre plus limité de personnes, que le droit de provoquer l'interdiction.

Que faut-il décider si un collatéral, autre que ceux désignés en l'art. 174, vient en se présentant avec une demande en interdiction déjà formée, s'opposer au mariage du défendeur à l'interdiction? La chose n'aurait pas d'inconvénient, car nous savons que le tribunal pourrait prononcer la mainlevée pure et simple de l'opposition. Mais l'esprit de la loi ne permet pas d'admettre l'opposition de ce parent, même dans ce cas; en effet si on l'admettait, les parents que l'art. 174 exclut du droit d'opposition le reprendraient, en intervertissant l'ordre des procédures, c'est-à-dire, en provoquant d'abord l'interdiction et en s'opposant ensuite.

Le tribunal pourrait-il prononcer la mainlevée pure et simple de l'opposition basée sur la démence du futur époux, quand cette opposition est faite par un ascendant? Nous ne le pensons pas. L'art. 174

parle des collatéraux seulement; et les sentiments d'affection sont toujours présumés l'emporter sur les motifs d'intérêt, dans les oppositions des ascendants, on suivra donc ici la marche tracée par les art. 492 et suiv., Code Nap., et les art. 890 et suiv., Code pr. civ.[1]

Il est évident que l'opposition ne peut être fondée que sur la démence du parent, et jamais sur celle du futur conjoint du parent; car l'art. 490 du Code Nap. ne permet qu'aux parents de provoquer l'interdiction de leur parent, et l'art. 174 limite à certains parents le droit de former opposition, mais à condition de provoquer l'interdiction.

Passons enfin à la quatrième classe de personnes, qui ont de par la loi le droit de former opposition aux mariages. L'art. 175 nous dit : « Dans les deux cas prévus par le précédent article, le tuteur « ou curateur ne pourra pendant la durée de la tutelle ou curatelle « former opposition, qu'autant qu'il y aura été autorisé par un « conseil de famille, qu'il pourra convoquer. »

La première et la deuxième rédaction du chapitre des oppositions au mariage ne mentionnaient pas le tuteur et le curateur[2], aussi la section de législation du Tribunat proposa de comprendre les tuteur et curateur dans l'article 174, et d'ajouter aux mots : « le cousin et la cousine germains majeurs, » les mots : « le tuteur et le curateur[3], » en accordant ainsi au tuteur et au curateur le droit de former opposition dans les mêmes cas et aux mêmes conditions que les collatéraux mentionnés dans l'article 174; mais le Conseil d'État ne leur permit d'exercer ce droit qu'avec l'autorisation du conseil de famille, ce qui fit ajouter un article particulier, qui fut l'article 26 du projet, tel qu'il fut présenté au Corps législatif.

Notre article dit que le tuteur ou curateur peut former opposition dans les deux cas prévus par l'article précédent (174).

---

1. Cour de Bruxelles, 15 décembre 1812.
2. Locré, IV, page 353, n° 24.
3. Locré, IV, page 453, n° 9.

Plusieurs auteurs prétendent qu'il y a là un vice de rédaction, que l'article 175 ne régit en réalité qu'un seul cas[1]; en effet, dit-on dans le second cas, le conseil de famille a un moyen bien simple d'empêcher le mariage, c'est de refuser son consentement; l'opposition sera donc basée sur le défaut de consentement, ou, si le consentement a déjà été donné, l'autorisation que le tuteur devra obtenir emportera nécessairement révocation de tout consentement antérieur. Les deux causes se confondent donc en une seule.

Cependant, il y a un cas où la seconde hypothèse de l'art. 174 trouve son application : c'est celui du tuteur du majeur interdit[2], quoi qu'en dise M. Duranton, qui veut, dans ce cas, accorder au tuteur, sans aucune autorisation, le droit de former opposition, ce qui n'aurait sans doute aucun inconvénient; car il suffit de justifier d'un fait matériel : de l'existence du jugement qui prononce l'interdiction : mais enfin, nous avons à appliquer la loi, et non pas à la faire.

Nous voici arrivés à la fin de l'énumération des personnes auxquelles la loi accorde le droit de former opposition.

Nous voyons donc que les enfants ne peuvent jamais former opposition au mariage de leurs parents; les père et mère verront leur opposition rejetée, si elle ne repose pas sur un motif légal d'opposition quand leurs enfants ont atteint l'âge de majorité pour le mariage; le droit d'opposition est beaucoup plus restreint que le droit de demander les nullités. On n'a donc pas toujours eu en vue le principe énoncé par M. Portalis : « Il est plus expédient de prévenir le mal, qu'il n'est facile de le réparer. »

Une question sur laquelle les auteurs sont partagés, c'est de savoir si le ministère public a le droit de former opposition aux mariages.

---

1. Duranton, II, pages 147 et 148, n° 199.
2. Zachariæ, III, page 232, note 10; Vazeille, I, n° 167, page 226; Marcadé, art. 175, n° 2; Demolombe, III, n° 148.

Une première opinion consiste à dire que le ministère public a le droit de former opposition toutes les fois que l'empêchement diri-mant ou même simplement prohibitif qu'il invoque, est fondé sur une loi d'intérêt général et d'ordre public[1]. Cette opinion se fonde sur une loi du 20 avril 1810, art. 46. Cet article décide d'abord que le ministère public agit en matière civile dans les cas spécifiés par la loi, qu'il surveille l'exécution des lois, des arrêts, des jugements, et enfin qu'il poursuit d'office cette exécution dans les dispositions qui intéressent l'ordre public.

La dernière disposition de l'article n'ajouterait rien, dit-on, à la première, et serait inutile si elle ne se rapportait qu'au cas où une loi formelle et spéciale confère au ministère public la voie d'action. Nous objecterons qu'il nous paraît peu sûr de suppléer au silence, peut-être volontaire, de la loi à l'aide de dispositions générales, tirées d'autres lois, quand il s'agit d'un mode d'action tout spécial et exceptionnel, que la loi n'a accordé qu'à certaines personnes limi-tativement et expressément énoncées.

Une autre opinion consiste à dire que le ministère public a le droit de former opposition aux mariages dans tous les cas d'empê-chement dirimant et d'ordre public, puisque son devoir lui pres-crirait de demander la nullité d'un tel mariage, s'il était contracté[2]. Si le ministère public n'avait pas ce droit, dans ce cas, dit M. Duranton, « il faut le dire, la loi eût été dirigée par des vues contradictoires « et tout à fait opposées à la saine raison. »

Ce raisonnement ne nous paraît pas concluant; la loi a traité séparément les oppositions et les demandes en nullité, et elle n'a pas établi entre les unes et les autres une corrélation nécessaire.

Nous pensons donc que, la loi n'ayant dans aucun cas accordé expressément au ministère public le droit de former opposition, il

---

1. Demolombe, III, n° 151.
2. Duranton, II, n° 201; Marcadé, art. 175, n° 3, page 442.

faut lui refuser ce droit[1]. Du reste, il peut et doit même dénoncer à l'officier de l'état civil l'empêchement qui s'oppose au mariage; et, en vertu du droit de surveillance qui lui appartient, il peut défendre à l'officier de l'état civil de procéder à la célébration, tant qu'il n'en sera pas autrement prononcé par la justice.

Les parents qui n'ont pas le droit de former opposition à un mariage, peuvent avertir le ministère public des causes qui motiveraient une nullité d'ordre public, ou bien ils peuvent, comme toutes personnes, remettre à l'officier de l'état civil la preuve de l'existence d'un empêchement légal, afin qu'il refuse de procéder à la célébration.

Nous allons voir maintenant, dans notre Section deuxième, les formes dans lesquelles l'opposition doit être faite; les effets de l'opposition, la demande en mainlevée de l'opposition, et les dommages-intérêts qui pourront être prononcés dans certains cas contre l'auteur de l'opposition.

SECTION II.

§. 1. Des formes dans lesquelles l'opposition doit être faite.

Les différentes énonciations que la loi prescrit pour l'acte d'opposition, sont exigées pour empêcher les oppositions vexatoires. Suivant l'art. 176 : « Tout acte d'opposition énoncera la qualité qui donne à l'opposant le droit de la former; il contiendra élection de domicile dans le lieu où le mariage devra être célébré;

« Il devra également, à moins qu'il ne soit fait à la requête d'un ascendant, contenir les motifs de l'opposition;

« Le tout à peine de nullité et de l'interdiction de l'officier ministériel qui aurait signé l'acte contenant opposition. »

D'abord, l'acte d'opposition doit énoncer la qualité qui attribue

---

1. Zachariæ, III, page 233; Ducaurroy, I, page 184, n° 292.

au requérant le droit de s'opposer au mariage projeté, pour qu'on puisse voir immédiatement si l'opposant est du nombre des personnes à qui la loi confère le droit d'opposition. L'opposant devra donc indiquer la ligne et le degré de sa parenté avec le futur époux. Cependant l'officier ministériel, qui énonce dans son acte la qualité prétendue de l'opposant, n'est pas garant de la vérité, de la réalité de cette parenté; il ne peut pas exiger qu'on lui administre la preuve de cette qualité, ce qui demanderait souvent beaucoup trop de temps. De plus, on peut dire que la loi forçant l'opposant à prendre un huissier pour agir, celui-ci doit être obligé de faire ce que ferait l'opposant s'il pouvait agir sans lui; l'huissier n'est pas le juge; il est l'instrument de la partie qui requiert son ministère; ainsi, il serait obligé d'obtempérer à la demande de l'opposant, et de signifier l'acte d'opposition, fût-il convaincu de l'inaptitude du requérant à former opposition. Nous sommes du même avis pour l'appréciation des motifs de l'opposition allégués par les opposants; nous croyons que l'huissier n'a pas plus le droit de juger le motif sur lequel on base l'opposition, que la qualité qui donne le droit de la former.[1]

Les ascendants ne sont pas tenus de motiver leur opposition, puisqu'ils sont toujours censés agir dans l'intérêt de leurs enfants, puisque l'amour paternel l'emporte toujours chez eux sur les intérêts, et que, de plus, il y a des motifs de convenance, d'opportunité et autres, qu'on ne peut décemment divulguer, et que les ascendants seuls sont ordinairement en position d'apprécier.

L'acte d'opposition devra contenir élection de domicile dans le lieu où le mariage devra être célébré. Le but de cette élection de domicile est de faciliter au futur époux la demande en mainlevée de l'opposition.

Si les deux futurs époux ont chacun un domicile distinct, le

---

1. Duranton, II, n° 207; Marcadé, art. 176, n° 5, page 444; Demolombe, III, n° 155.

mariage pourra être célébré dans chacune des deux communes;
dans laquelle faudra-t-il élire domicile?

Lors de la discussion au Conseil d'État[1] on fit observer que les
opposants ignoreront le lieu où le mariage sera célébré, qu'il vaudrait mieux permettre d'élire domicile dans le lieu où se trouve
celui au mariage de qui on forme opposition; malheureusement cet
amendement fut rejeté, sur l'observation, que les publications énon-
ceront le lieu de la célébration du mariage, ce qui est une erreur
matérielle (voy. art. 63); et sur cette autre que l'opposant fera signifier son opposition aux domiciles de l'un et de l'autre des futurs
époux, ce qui était étranger à la question.

Nous pensons que l'élection de domicile peut être valablement
faite dans la commune où l'époux, du chef duquel on forme opposition a son domicile; en tous cas, on ferait mieux d'élire domicile
dans les deux communes où le mariage peut être célébré.

Mais voici encore une plus grande complication : les parties pourraient avoir chacune un domicile réel et un domicile acquis par six
mois d'habitation continue, art. 74, le mariage pourra donc être
célébré dans quatre communes[2]; dans ce cas, il suffit que l'élection
de domicile soit faite dans la commune où celui au mariage de qui
on s'oppose a son domicile soit réel, soit acquis par six mois d'habitation, sans qu'il soit nécessaire d'élire domicile dans l'une ou
l'autre commune où l'autre partie a ses domiciles; il pourrait arriver
dans ce cas, qu'ayant élu domicile dans le lieu où le futur époux
n'avait qu'une résidence de six mois, une opposition eût été faite
en pure perte; car, si les futurs époux se mariaient au lieu du do-

---

1. Locré, IV, page 359, n° 31.

2. Ducaurroy, I, n° 274, page 166; Zachariæ, III, page 235, note 6; tel est aussi l'avis de
Ch. Tronchet; voyez Locré, IV, page 342, n° 5; M. Duranton, II, n°s 221 à 224, prétend que le
mariage ne peut être célébré que dans la commune où on a une habitation continue de six mois et
non pas à celle où on a son domicile réel; Marcadé est de ce dernier avis; voyez art. 74, n° 1,
pages 432 et suiv.

micile réel, aucune loi ne leur prescrit de faire les publications au lieu de la résidence; il vaudrait donc mieux élire domicile dans les deux communes où le mariage peut être célébré à raison de l'une des parties; et le parti le plus prudent, ce serait d'élire domicile dans toutes les communes où le mariage pourrait être célébré.

Les prescriptions de l'art. 176 sont sanctionnées par la nullité de l'opposition et par l'interdiction de l'officier ministériel. Ces mêmes sanctions s'appliquent-elles aussi aux prescriptions de l'art. 66: signature de l'opposant ou de son mandataire, procuration spéciale et authentique? Nous le pensons, quoique la loi ne le dise pas, car ce sont-là des formes substantielles, dont l'absence empêche l'existence légale de l'opposition.[1]

L'art. 66 veut encore que l'opposition soit signifiée à la personne ou au domicile des parties, et à l'officier de l'état civil; mais auquel? Il suffit qu'on la signifie à l'un des officiers, qui ont fait les publications, car l'art. 69 oblige les parties à remettre à l'officier de l'état civil, devant lequel elles se marient, un certificat délivré par l'officier de chaque commune où les publications ont été faites, et qui constate qu'il n'y a pas d'opposition, ou qu'il en a été donné mainlevée.

Les art. 67 et 69 ont pour but d'établir de l'ordre, de la régularité dans la constatation des oppositions, pour en assurer d'autant mieux les effets. Ces articles ordonnent à l'officier de l'état civil, entre les mains duquel l'opposition a été formée, d'en faire mention sommaire, ainsi que des jugements ou actes de mainlevée, dans le registre des publications; s'il n'y a pas eu d'opposition, l'officier de l'état civil en fera mention dans l'acte de célébration.

---

1. Demolombe, III, n° 154 ; Marcadé, art. 176, n° 2 ; Vazeille pense que le défaut des formalités de l'art. 66 n'entraîne pas toujours la nullité de l'opposition, mais que les circonstances décideront le jugement du tribunal; voy.: I, n° 171, page 231.

§. 2. *Des effets de l'opposition.*

L'opposition a pour effet d'arrêter la célébration du mariage.

L'article 68 porte qu'en cas d'opposition, l'officier de l'état civil ne pourra célébrer le mariage avant qu'on lui en ait remis la mainlevée, sous peine de trois cents francs d'amende et de tous dommages-intérêts.

L'officier de l'état civil sera-t-il obligé de s'arrêter, quelle que soit l'opposition? qu'elle lui paraisse valable ou non, n'importe pour quel motif. Nous croyons que l'officier de l'état civil n'est jamais juge du mérite de l'opposition, qu'il devra ne pas célébrer le mariage, fût-il convaincu que l'opposition est mal fondée, irrecevable, nulle.[1]

Le mariage qui serait célébré malgré une opposition formée, ne serait pas nul pour cela, s'il réunissait toutes les conditions de validité; mais l'officier de l'état civil serait passible d'une amende de trois cents francs et de tous dommages et intérêts.

§. 3. *De la demande en mainlevée de l'opposition et de la manière de la juger.*

Si l'opposant ne donne pas de son propre gré mainlevée de l'opposition par lui formée au mariage projeté, c'est au futur époux, contre lequel l'opposition a été formée, à en demander la mainlevée; son futur conjoint, ni aucune autre personne à sa place ne peuvent agir pour elle.[2]

---

1. Zachariæ, III, page 236; Duranton, II, n° 203, page 150; Demolombe, III, n° 163; Marcadé, art. 176, n° 6, page 445, dit que l'officier de l'état civil passera outre s'il est évident que l'opposition est nulle, qu'il s'arrêtera si la validité est douteuse. Ducauroy, art. 68, n° 302, tome I, veut que l'officier civil s'arrête à l'opposition régulièrement formée seulement.

2. Duranton, II, n° 209; Vazeille, I, n° 171.; Demolombe, III, n° 105.

Le tribunal compétent pour juger la demande en mainlevée, est celui dans le ressort duquel se trouve la commune ou l'une des communes dans lesquelles le mariage peut être célébré et où l'opposant a élu domicile ; il est évident, du reste, qu'on pourrait poursuivre la mainlevée devant le tribunal du domicile réel de l'opposant (C. de pr. civ., art. 59), car le futur époux peut renoncer à la faveur de porter sa demande au tribunal du domicile élu par l'opposant.

L'article 177 nous dit que le tribunal de première instance prononcera dans les dix jours sur la demande en mainlevée ; l'article 178 porte qu'en cas d'appel, il y sera statué dans les dix jours de la citation.

Il ressort de ces deux articles que les demandes en mainlevée d'opposition sont des matières qui requièrent célérité et qui en conséquence sont dispensées du préliminaire de conciliation (C. de pr. civ., art. 49, 2.°), de plus, le demandeur pourra obtenir la permission d'assigner à bref délai. (C. de pr. civ., art. 78.)

Le tribunal de première instance prononcera dans les dix jours, à partir de celui où il aura été saisi de la demande, quand il le pourra, car il se présentera quelquefois des questions qu'il serait impossible de juger dans un si bref délai ; dans ce cas le tribunal, pour se conformer au vœu de la loi, rendra un jugement préparatoire dans le délai des dix jours.

L'instance n'est pas périmée, faute d'y être statué dans le délai de dix jours, ce délai est une faveur accordée à ceux qui demandent la mainlevée de l'opposition, pour qu'ils puissent faire juger leur demande avant toute autre affaire.

L'appel du jugement de la demande en mainlevée est suspensif (C. de pr. civ., art. 457), et il devra y être statué dans un délai de dix jours. Ici, comme pour le jugement en première instance, le délai de dix jours n'est établi qu'en faveur de celui qui provoque la mainlevée ; celui qui a formé l'opposition ne pourra jamais faire déclarer périmée, soit l'une, soit l'autre instance, puisqu'on n'aura pas jugé l'affaire dans les dix jours.

5

. L'appel, venons-nous de dire, est suspensif, mais il n'en est pas ainsi du pourvoi en cassation, attendu qu'en matière civile la demande en cassation n'arrête pas l'exécution du jugement [1]. Qu'arrivera-t-il si la Cour d'appel a donné mainlevée de l'opposition, si la Cour de cassation a cassé cet arrêt et que la seconde Cour d'appel maintient l'opposition? nous croyons que le mariage sera nul [2], seulement il produira les effets du mariage putatif. L'opposition qui a été rejetée, ne peut plus être renouvelée, en se fondant sur la même cause sur laquelle on fondait la première opposition, car cette seconde serait repoussée par l'exception de l'autorité de la chose jugée; mais il en est autrement de l'opposition rejetée pour vice de forme et qu'on renouvelle; nous pensons qu'elle sera valablement renouvelée. [3]

§. 4. Des dommages-intérêts qui peuvent être prononcés contre l'auteur de l'opposition.

L'article 179 voulant prévenir l'abus qu'on pourrait faire du droit d'opposition, porte que si l'opposition est rejetée, les opposants, autres néanmoins que les ascendants, pourront être condamnés à des dommages-intérêts.

« Souvent, en effet, disait M. Portalis, une opposition mal fondée « peut mettre obstacle à une union sortable et légitime; il existe alors « un préjudice grave; ce préjudice doit être réparé. N'importe qu'il « n'y ait eu qu'erreur ou imprudence dans la personne qui a cru « devoir se rendre opposante; il n'y a point à balancer entre celui « qui se trompe et celui qui souffre. [4] »

---

1. Zachariæ, III, page 238; Vazeille, I, n° 177; Marcadé, art. 178, n° 1; Demolombe, III, n° 169; Duranton, II, n° 215, hésite et penche plutôt pour l'avis contraire.

. 2. Marcadé, art. 178, n° 2; Vazeille, I, n° 176; Demolombe, III, n° 171, est de l'avis contraire.

3. Vazeille, I, n° 177; Duranton, II, n° 206; Demolombe, III, n° 176, contra : Zachariæ, III, page 238.

4. Locré, IV, page 501, n° 36.

Les ascendants, eu égard à leur qualité et à l'affection présumée qui les fait agir, aux bons motifs qui sont censés toujours les guider, ne peuvent pas être condamnés à des dommages et intérêts. En effet, dit encore M. Portalis, « Pourrait-on punir par une adjudication de « dommages et intérêts, un père déjà trop malheureux des espérances « qu'il avait conçues et des sages lenteurs sur lesquelles il fondait « ses espérances ? »

CHAPITRE II.

Des demandes en nullité de mariage.

La sanction des conditions, qualités, capacité et formes que la loi prescrit et exige pour constituer un mariage valable, se trouve d'abord dans le droit d'opposition, ayant pour but de prévenir le mal, les abus, autant que possible, et pour les cas où la loi n'aurait pu empêcher les contraventions à ses prescriptions dans les nullités qu'elle prononce pour faire cesser le désordre.

Les nullités sont de deux sortes : les nullités absolues qui sont fondées sur un motif d'ordre public, et qui peuvent être poursuivies par toutes personnes intéressées et par le ministère public; les nullités relatives qui n'ouvrent d'action qu'à certaines personnes déterminées dont l'intérêt privé seul est en question.

Que la nullité soit absolue ou relative, le mariage n'est pas nul de plein droit, il faudra toujours en faire prononcer la nullité par les tribunaux.

Il faut faire ici la distinction bien importante et en théorie et en pratique, entre le mariage non existant, puisqu'une des conditions essentielles nécessaires à son existence fait défaut, et qui dès lors est à considérer comme non avenu, indépendamment de tout jugement qui le déclare tel, et le mariage nul, ou pour mieux dire annulable, puisque l'une des conditions nécessaires à sa validité n'a pas été remplie[1]. Le mariage inexistant ne produit aucun effet civil, le tribunal est seulement appelé, car nul ne peut se rendre justice à lui-même, à déclarer son inexistence, qui pourra être invoquée par tous ceux auxquels le prétendu mariage serait opposé; au contraire, le mariage annulable produit ses effets légaux jusqu'à ce que la nullité en ait été prononcée sur la poursuite des personnes intéressées à qui la loi donne qualité pour la demander.

SECTION PREMIÈRE.

Des nullités relatives.

L'article 180 porte : « Le mariage qui a été contracté sans le con-« sentement libre des deux époux ou de l'un d'eux, ne peut être « attaqué que par les époux ou par celui des deux dont le consen-« tement n'a pas été libre.

« Lorsqu'il y a eu erreur dans la personne, le mariage ne peut « être attaqué que par celui des deux époux qui a été induit en « erreur. »

L'art. 181 est ainsi conçu : « Dans le cas de l'article précédent, « la demande en nullité n'est plus recevable, toutes les fois qu'il y « a eu cohabitation continuée pendant six mois, depuis que l'époux « a acquis sa pleine liberté, ou que l'erreur a été par lui reconnue. »

Nous voyons donc que l'époux seul, dont le consentement n'a pas été libre, peut attaquer le mariage. Il s'agit donc ici non pas du défaut absolu de consentement, qui entraînerait la non-existence du mariage, mais bien d'un consentement, qui a été donné en réalité,

---

1. Zachariæ, page 210, note 2, et page 211, note 5; Marcadé, I, page 451 et suiv.

Le premier Consul, dans les discussions du titre du mariage au Conseil d'État, appuya plusieurs fois sur cette distinction ; voyez : Locré, IV, page 324, n° 15; pages 320 et 327, n° 17, page 371, n° 5, pages 437 à 439, n°s 8 à 11; Demolombe, III, n°s 239 à 241.

mais qui n'était pas libre, partant pas valable, et qui par suite rend le mariage annulable. Mais dans quel cas le consentement sera-t-il considéré comme non libre? Faut-il se reporter aux prescriptions des art. 1109, 1112 à 1114? Nous ne le pensons pas; les dispositions de ces articles ne sont pas impératives pour la matière qui nous occupe; nous croyons donc que les tribunaux auront à juger si le consentement donné a été suffisamment libre ou non, d'après l'état des personnes, leur instruction, et toutes les autres circonstances.[1]

Quant à l'erreur sur la personne, nous ne pensons pas que l'art. 180 ait voulu parler de la seule erreur sur la personne physique, erreur presque impossible de nos temps et dont, selon plusieurs auteurs, les annales de la jurisprudence ne présentent jusqu'à présent aucun exemple; erreur, de plus, qui produirait un défaut de consentement absolu, car en consentant à épouser Marie, je ne consens évidemment pas à épouser Louise. Ce n'est donc pas de cette erreur que parle l'art. 180, mais bien de l'erreur sur la personne civile.[2]

Le dol, considéré en lui-même, n'est pas une cause de nullité du mariage, mais l'erreur, qui est la suite, le résultat du dol, peut être une cause de nullité.

Notre art. 180 accorde le droit de demander la nullité du mariage à l'époux contraint ou induit en erreur; ce droit appartient-il aux héritiers de cet époux? nous ne le pensons pas, car il serait difficile de savoir ce que cet époux aurait fait s'il avait vécu, et s'il a été réellement violenté ou induit en erreur; mais si l'époux avait déjà intenté l'action en nullité, alors son opinion est connue, son choix est fait, nous accorderons aux héritiers le droit de suivre l'action, introduite par leur auteur.[3]

---

1. Zachariæ, III, page 259; Marcadé, art. 180, n° 2.
2. Zachariæ, III, page 260 et 261, texte et notes 7 à 10; *contra :* Marcadé, page 469, note 1, Duranton, II, n°s 62 et 66.
3. Vazeille, 1, n° 258; Duranton, II, n°s 270 et 271.

Le mineur étant émancipé de plein droit par le mariage, pourra convoquer le conseil de famille et poursuivre la nullité de son mariage avec l'assistance du curateur, que le conseil lui nommera.[1]

La nullité résultant d'un consentement donné par suite de violence ou d'erreur, peut se couvrir, comme le dit l'art. 181, par une cohabitation continuée pendant six mois, depuis que l'époux violenté ou trompé a recouvré sa pleine liberté ou reconnu son erreur; il faut donc qu'il y ait eu cohabitation, et cohabitation continuée pendant six mois, sans quoi l'action en nullité pourra être intentée plusieurs années après le mariage; la survenance d'enfants même ne pourrait pas être invoquée, comme ratification tacite; l'amendement, en sens contraire, proposé par M. Réal, fut rejeté.[2]

La ratification, la confirmation expresse validera évidemment le mariage, et élèvera une fin de non-recevoir contre la demande en nullité du mariage fondée sur le consentement non libre ou erroné.

La seconde nullité relative, mentionnée par le Code, est celle du mariage contracté sans le consentement des père et mère, des ascendants ou du conseil de famille, dans les cas où ce consentement était nécessaire; le mariage ne pourrait être attaqué alors que par ceux dont le consentement était requis, ou par celui des époux qui en avait besoin (art. 182).

Notre article parle du défaut de consentement et non du défaut de conseil ou de consultation.

Si le père et la mère sont vivants, l'action en nullité appartient à tous les deux, mais le père seul pourra l'exercer, car s'il garde le silence, il est censé approuver le mariage, et sa volonté l'emporte, en cas de dissentiment, de plus la femme ne pourrait agir sans autorisation du mari; mais si le père vient à mourir, dans

---

1. Zachariæ, III, page 262, texte et note 15. Vazeille, I, n° 257; Demolombe, III, n° 260; Locré, IV, page 412, n° 6.

2. Locré, IV, page 415, n° 12.

le délai utile, sans avoir approuvé le mariage, la mère pourra demander la nullité, et cela, non pas puisqu'elle succède au droit
de son mari, mais puisqu'elle recouvre la faculté d'user librement
d'un droit à elle propre. [1]

Dans le cas de l'art. 150, il faut pour que les aïeuls puissent demander la nullité du mariage contracté sans leur consentement, le
concours des deux lignes; les aïeules ne peuvent agir sans le concours des aïeuls de la même ligne, à moins que ceux-ci ne soient
morts ou dans l'impossibilité de manifester leur volonté.

Dans le cas de l'art. 160, ce n'est pas à chaque parent isolé, que
compète l'action en nullité, comme le droit d'opposition de l'art 174;
mais c'est au conseil de famille, qui déléguera, soit le tuteur, soit
un de ses membres, pour intenter l'action.

L'action en nullité appartient rigoureusement à ceux dont le consentement était requis, d'où suit que si ces personnes meurent dans
le délai utile, l'action ne passera ni aux héritiers de ces personnes,
ni à un degré supérieur d'ascendants [2]; l'action même déjà intentée
s'éteint, et ne peut être continuée par personne, si le réclamant
vient à mourir; il en serait autrement pour les héritiers de l'époux
qui serait décédé après avoir intenté l'action en nullité, qui lui appar-
tenait.

D'après l'art. 183, « l'action en nullité ne peut plus être intentée,
« ni par les époux, ni par les parents dont le consentement était
« requis, toutes les fois que le mariage a été approuvé expressément
« ou tacitement par ceux dont le consentement était nécessaire, ou
« lorsqu'il s'est écoulé une année sans réclamation de leur part, depuis
« qu'ils ont eu connaissance du mariage. Elle ne peut être intentée

---

1. Duranton, II, 286 et 287; Zachariæ, p. 268; Vazeille, I, n° 266.; Demolombe, III,
n° 272; v° contra: Marcadé, art. 182, n° 2.

2. Vazeille, I, n° 267, refuse le droit aux héritiers des ascendants, mais l'accorde n° 268,
aux ascendants d'un degré supérieur.

« non plus par l'époux, lorsqu'il s'est écoulé une année, sans récla-
« mation de sa part, depuis qu'il a atteint l'âge compétent pour con-
« sentir par lui-même au mariage. »

La loi, admettant l'approbation tacite du mariage, les tribunaux
auront donc toute latitude, pour la déduire des faits qui pourront
la prouver.

N'importe le plus ou moins de temps qui s'est écoulé depuis le
mariage d'un enfant, le père, les ascendants et le conseil de famille
pourront toujours demander la nullité, s'ils ne connaissaient le mariage
que depuis moins d'un an. La Cour de cassation, 16 avril 1817, l'a
ainsi jugé; peut-être aurait-il fallu fixer un terme à l'action des parents, car dans le cas dont nous parlons, le fils, qui était marié
depuis 23 ans, et qui en conséquence avait plus de 25 ans, pouvait,
sitôt son mariage cassé, faire à son père les actes respectueux, et se
remarier avec la même personne.

Si l'époux intente l'action en nullité, qui lui compète, l'approbation
des parents, qui interviendrait même après la demande de l'époux,
mettra fin à son action, car le vice sur lequel il se fondait aura disparu.

Si l'approbation du mariage par ceux dont le consentement était
requis, établit une fin de non-recevoir contre toute demande en nullité
fondée sur le défaut du consentement exigé par la loi, il n'en est
pas ainsi de la rectification de l'époux, qui n'élève de fin de non-
recevoir que contre sa propre demande; la ratification donnée par
l'époux serait aussi peu valable que le mariage qu'il a contracté,
sans le consentement requis, tant qu'il n'a pas atteint l'âge compétent pour consentir par lui-même au mariage. Le silence de l'époux
pendant un an, depuis qu'il a atteint ce même âge compétent couvre
la nullité. Mais quel est cet âge compétent? Nous croyons que c'est
l'âge de 21 ou de 25 ans, pour les garçons, selon qu'ils avaient
ou n'avaient pas d'ascendants à l'époque où ils ont contracté mariage.[1]

---

1. Zachariæ, III, p. 270, note 56 ; Duranton, II, n° 307; Vareille, I, n° 271, veut que

Que les époux aient cohabité ou non, après l'âge compétent, le délai d'un an couvrira la nullité pour eux, ils ne pourront plus la demander; mais nous ne croyons pas pouvoir admettre l'opinion qui fait produire à la cohabitation, quelque courte qu'ait été sa durée après l'âge compétent, une fin de non-recevoir contre la demande de l'époux; l'art. 183 établit une espèce de prescription; il faut nécessairement que ce délai soit écoulé, pour que la demande de l'époux devienne non recevable. [1]

L'enfant naturel non reconnu, ou celui qui a été reconnu, mais dont les père et mère étaient morts ou dans l'impossibilité de manifester leur volonté à l'époque de son mariage, pourra seul attaquer son mariage contracté avant l'âge de 21 ans, sans le consentement du tuteur *ad hoc* exigé par l'art. 159. [2]

SECTION II.

Des nullités absolues.

D'après l'art. 184, « tout mariage contracté en contravention aux dispositions contenues aux art. 144 (impuberté), 147 (bigamie), 161 à 163 (parenté au degré prohibé), peut être attaqué soit par les époux eux-mêmes, soit par tous ceux qui y ont intérêt, soit par le ministère public. »

L'époux impubère, aussi bien que son conjoint, a donc le droit de

l'époux à 21 ans puisse approuver expressément son mariage et qu'il ne puisse plus l'attaquer après 22 ans; décider en sens contraire, dit-il, ce serait choquant et contraire à l'esprit de la loi. Marcadé, art. 183, n° 3, accorde le droit de ratifier le mariage, en même temps qu'il fait courir le délai utile pour demander la nullité à partir du jour où on pourrait seul et par soi-même consentir à son mariage, c'est-à-dire à partir ou bien de l'âge de 25 ans ou à partir du jour où l'époux, étant majeur de 2 ans, son dernier ascendant sera mort.

1. Marcadé, art. 183, n° 3; Demolombe, III, n° 288 ; *contra:* Zachariæ, III, p. 270, note 58.
2. Marcadé, art. 182, n° 3; Duranton, II, n° 294 ; Demolombe, III, n° 278 ; *contra:* Zachariæ, III, p. 272, note 66; Vazeille, I, n° 269, refuse aussi à l'époux le droit que nous lui accordons, tout en avouant, qu'il eût été bon de le lui accorder.

demander la nullité de son mariage; il en est de même pour l'époux bigame et son conjoint.

Les ascendants de chacun des époux peuvent attaquer le mariage, sans qu'ils aient un intérêt pécuniaire né et actuel, et quoique l'article 184 ne les mentionne pas; car les ascendants ont toujours un intérêt moral à faire cesser ces unions, vu que l'inceste, la bigamie, portent atteinte à l'honneur de la famille; que les unions prématurées tendent à abâtardir la race, et que les enfants qui naîtront de ces mariages seront habiles à leur succéder.[1]

Les ascendants auront même le droit de demander la nullité, concurremment et non pas seulement graduellement.[2]

Les tiers étrangers, qui y ont intérêt, ont, cela ressort évidemment de l'art. 184, le droit d'attaquer le mariage, qui peut leur préjudicier; les enfants du bigame ou les collatéraux pourraient même, dans certains cas, et malgré la prohibition de l'art. 187, demander la nullité du mariage, qui leur porte préjudice, pendant la vie des époux.[3]

Du principe que la personne intéressée peut demander la nullité du mariage, il faut conclure que l'époux, au préjudice duquel a été contracté un second mariage, peut immédiatement en demander la nullité; c'est ce qui a été consacré par l'art. 188.

Le ministère public a aussi le droit d'intenter l'action en nullité, dans les cas de nullités absolues; mais ici se présente une distinction à faire: l'art. 190 dit que le ministère public, dans tous les cas auxquels s'applique l'art. 184, peut et doit demander la nullité

1. Vazeille, I, nᵒˢ 218, (bigamie) 244 et 246, (défaut d'âge); Marcadé, art. 184, nᵒ 2; Zachariæ, III, p. 253, texte et notes 15, 16, 18; *contra:* Duranton, II, nᵒ 328.

2. Marcadé, *loc. cit.*; Zachariæ, III, p. 253, note 17; *contra:* Duranton, II, nᵒˢ 317, 318, 328; Demolombe, III, nᵒ 303.

3. Marcadé, art. 187; Vazeille, I, nᵒ 226; Zachariæ, p. 254, note 20, n'accordent ce droit dans le cas dont nous parlons qu'aux collatéraux; Demolombe, III, nᵒ 307, est aussi de cet avis.

du vivant des époux et les faire condamner à se séparer; d'après l'art. 191, le mariage qui n'a pas été contracté publiquement et qui n'a pas été célébré par l'officier public compétent, peut être attaqué par le ministère public.

Dans les cas de l'art. 184, c'est donc un devoir, une obligation pour le ministère public de demander la nullité du mariage; l'art. 191 donne seulement au ministère public le droit, la faculté, mais ne lui impose pas l'obligation d'attaquer le mariage.[1]

L'action du ministère public ayant pour but de faire cesser le scandale, occasionné par certains mariages, il s'ensuit qu'elle n'est plus recevable lorsque la mort de l'un des époux, a mis fin au scandale.

Rappelons ici l'art. 139 qui, lorsque le conjoint d'un absent a contracté une nouvelle union, accorde à l'absent seul ou à son fondé de pouvoir, muni de la preuve de son existence, le droit de demander la nullité du second mariage.

Nous venons de voir quelles sont les personnes qui peuvent demander les nullités absolues des mariages, voyons maintenant quelles sont les causes qui motivent ces nullités : nous avons déjà mentionné l'art. 184, qui nous indique trois causes : l'impuberté, la bigamie, l'inceste; l'art. 191 nous en indique deux autres : le défaut de publicité, l'incompétence de l'officier de l'état civil.

1.° Si le mari avait moins de 18 ans, la femme moins de 15, âge fixé pour pouvoir contracter mariage, par l'art. 144, le mariage peut être déclaré nul (art. 184), mais l'art. 185 ajoute : « néanmoins le « mariage contracté par des époux qui n'avaient point encore l'âge requis « ou dont l'un des deux n'avait point atteint cet âge, ne peut plus « être attaqué : 1.° lorsqu'il s'est écoulé six mois depuis que cet époux « ou les époux ont atteint l'âge compétent; 2.° lorsque la femme,

---

1 Vazeille, I, n.os 219, 249, 254; Ducaurroy, art. 184, n° 327 ; art. 190 et 191, n° 334. Locré, IV, page 561, n° 22 ; discours de M. Boutteville orateur du Tribunat, séance du Corps législatif du 26 ventôse an XI.

« qui n'avait point cet âge, a conçu avant l'échéance de six mois. »

L'art. 183 porte encore une restriction à la faculté de demander la nullité, il dit : « Le père, la mère, les ascendants et la famille, « qui ont consenti au mariage contracté dans le cas de l'article pré- « cédent, ne sont point recevables à en demander la nullité. »

L'âge compétent dont parle l'art. 185 est évidemment l'âge requis par l'art. 144.

Si personne n'a réclamé dans les six mois prescrits, le mariage ne pourra plus être attaqué, d'un autre côté les époux ne peuvent pendant ce délai élever aucune fin de non-recevoir contre l'action en nullité, ni par leur cohabitation, ni même par leur approbation expresse.

Si la femme impubère devient enceinte, immédiatement tombera la nullité fondée sur son impuberté, même si la femme venait à concevoir pendant la litispendance dans les délais déterminés, la conception serait encore une fin de non-recevoir; mais l'espérance d'être enceinte avant l'âge de 15 ans et demi ne pourra évidemment pas faire surseoir au jugement de l'action en nullité intentée; la grossesse de la femme ne sera pas une fin de non-recevoir contre la nullité basée sur l'impuberté du mari.

Dans les deux cas de l'art. 185, la nullité est couverte en elle-même; dans le cas de l'art. 186, la nullité elle-même n'est pas couverte, seulement la demande peut être repoussée, par une fin de non-recevoir personnelle aux demandeurs.

Le père, la mère, les ascendants et la famille perdent leur droit de demander la nullité, non-seulement quand ils ont consenti au mariage, mais encore quand ils l'ont approuvé expressément ou tacitement.[1]

2.º On ne peut contracter un second mariage avant la dissolution du premier (art. 147), la bigamie est punie de la peine des travaux

---

1. Vazeille, 1, n° 244, p. 381; Ducaurroy, art. 186, n° 329; Zachariæ, III, p. 255.

forcés à temps par l'art. 340 du Code pénal; de plus, l'art. 184 accorde le droit de demander la nullité du second mariage aux époux eux-mêmes, à tous ceux qui y ont intérêt, au ministère public. ?

Si une demande en nullité de mariage pour cause de bigamie est introduite, le demandeur devra avant tout présenter la preuve du premier mariage; comme les nouveaux époux pourraient prétendre que le mariage antérieur n'est pas valable, l'art. 189 dispose que « si les nouveaux époux opposent la nullité du premier mariage, la « validité ou la nullité de ce mariage doit être jugée préalablement. » C'est donc là une question préjudicielle; et si le premier mariage est déclaré nul, le second sera par là déclaré valable, à moins qu'il n'y ait une autre cause de nullité.

La nullité pour cause de bigamie ne peut se couvrir, ni par la dissolution du premier mariage, ni par aucune ratification survenue depuis cette dissolution, ni par la possession d'état, ni par la prescription de l'action criminelle contre le bigame, ni par aucun laps de temps.

3.° Les époux ne doivent être ni parents, ni alliés aux degrés prohibés (art. 161 à 163); l'art. 184 prononce la nullité des mariages contractés contrairement à ces prohibitions.

Cette nullité, comme la précédente, ne peut être couverte d'aucune manière; les dispenses obtenues après la célébration du mariage, ne le valideraient pas plus que le mariage des impubères.

Comme pour la bigamie, le consentement des parents n'élèverait pas de fin de non-recevoir contre leur demande en nullité.

4.° et 5.° L'art. 191 porte que « tout mariage qui n'a point été « contracté publiquement et qui n'a pas été célébré devant l'officier « public compétent, peut être attaqué », etc.

Le défaut de publications n'est pas suffisant pour établir la clandestinité du mariage, on ne pourra donc pas baser sur ce motif seul une demande en nullité de mariage, mais pour que les prescriptions de la loi ne restent pas sans sanction, l'art. 192 ordonne au procureur impérial de faire infliger une peine pécuniaire à l'officier

public et aux parties contractantes ou à ceux sous l'autorité desquels
elles ont agi. Cette peine, pour l'officier public, ne pourra excéder
trois cents francs, et pour les parties contractantes, sera proportionnée
à leur fortune.

L'inobservation de l'une ou de l'autre des formes prescrites par
la loi pour la publicité des mariages, n'entraînera pas nécessairement
la nullité de ce mariage; les juges ont un pouvoir discrétionnaire,
pour décider si des faits, des circonstances alléguées, résulte une
publicité suffisante ou non; c'est du reste ce qui découle de l'art. 193,
qui dit que lors même que les contraventions aux règles prescrites
par l'art. 165 ne seraient pas jugées suffisantes pour faire prononcer
la nullité du mariage; les peines prononcées par l'art. 192 seront
encourues par les personnes qui y sont désignées, et pour ces mêmes
contraventions.

Les tribunaux ont aussi un pouvoir discrétionnaire, pour juger
si l'incompétence de l'officier public, soit territoriale, soit à raison
des personnes, a été assez grave pour devoir entraîner la nullité du
mariage contracté.

Il faut ici ne pas confondre l'absence d'officier de l'état civil avec
l'incompétence d'un officier de l'état civil, car dans le premier cas il y
a non-existence du mariage, dans le second il y a mariage annulable.

Faisons encore la distinction entre le mariage secret, c'est-à-dire
celui qui a été contracté avec toutes les formalités requises par la
loi, mais qu'on est parvenu à cacher dans le monde, mariage qui
est parfaitement valable de nos jours; et le mariage clandestin, c'est-
à-dire nul, pour absence des conditions de publicité.

La nullité pour défaut de publicité et celle pour incompétence
ne peuvent pas se couvrir d'une manière absolue et toujours, ni par
la possession d'état, ni par une confirmation, ni par la prescription,
mais les tribunaux pourront, en considération de ces circonstances,
et en vertu de leur pouvoir discrétionnaire, rejeter la demande en
nullité de mariage comme mal fondée.

Nous avons vu que la nullité qui a pour cause la bigamie ou l'inceste ne peut jamais et d'aucune manière être couverte, tandis que les nullités fondées sur le défaut d'âge, le défaut de publicité et l'incompétence de l'officier public peuvent l'être dans certains cas; de là découle une division des nullités absolues : les premières sont appelées perpétuelles, les secondes temporaires.

SECTION III.

Du mariage putatif.

Le mariage qui est annulé est censé n'avoir jamais existé aux yeux de la loi; par conséquent il ne produira aucun des effets civils, que la loi attribue à ce contrat. Cependant, comme les époux pourraient avoir été de bonne foi en contrevenant à la loi, le législateur a décidé que le mariage putatif, c'est-à-dire celui que les deux époux ou l'un d'eux, en le contractant, croyaient valable, quoiqu'il fût entaché d'un vice entraînant la nullité, produirait tous les effets civils d'un mariage valable.

L'art. 201 qui concerne les mariages putatifs est ainsi conçu : « Le « mariage qui a été déclaré nul, produit néanmoins les effets civils, « tant à l'égard des époux qu'à l'égard des enfants, lorsqu'il a été « contracté de bonne foi. »

L'art. 202 ajoute : « Si la bonne foi n'existe que de la part de « l'un des deux époux, le mariage ne produit les effets civils qu'en « faveur de cet époux et des enfants issus du mariage. »

Ces deux art. 201 et 202 ne parlent pas des mariages non-existants, mais seulement des mariages annulables, qui seuls peuvent donc produire des effets civils.[1]

La bonne foi peut résulter tout aussi bien d'une erreur de droit

---

1. Zachariæ, III, p. 243; Demolombe, III, n° 354.

que d'une erreur de fait, car la loi ne distingue pas[1]; seulement la bonne foi est présumée pour l'erreur de fait, ce sera donc à celui qui prétend qu'il y a eu mauvaise foi à le prouver; tandis que l'erreur de droit n'est jamais présumée, ce sera donc à celui qui l'invoquera à prouver sa bonne foi.

L'existence de la bonne foi au moment de la célébration du mariage suffit pour lui assurer ses effets civils, peu importe que plus tard l'erreur ait été reconnue; le mariage produira ses effets civils jusqu'au moment de l'annulation.[2]

L'un des principaux effets du mariage putatif c'est de faire considérer comme légitimes les enfants qui en sont issus; ces enfants pourront donc exercer tous les droits et actions attribués par la loi aux enfants nés d'un légitime mariage.

Le mariage putatif légitimera les enfants naturels, car c'est là un des effets du mariage valable; mais on ne pourra pas par un mariage putatif légitimer des enfants adultérins, incestueux, cet effet est refusé même au mariage valable.

Dans le cas de bonne foi des deux époux, le mariage putatif produit les mêmes effets que produirait un mariage valable, qui serait dissous à partir du jugement qui prononce la nullité; le droit de successibilité, accordé par l'art. 767 à l'époux non divorcé, est éteint par la déclaration de nullité du mariage; le partage de la communauté se fera, comme si le mariage était venu à se dissoudre; les époux conservent respectivement les avantages qu'ils se sont faits, mais pour les exercer dans les cas et aux époques où ces droits se seraient ouverts, si leur union avait été valablement contractée; les clauses du contrat produiront tous leurs effets, les deux époux conservent sur la personne et sur les biens des enfants tous les droits attachés à la paternité et à la maternité légitimes.

---

1. Zachariæ, III, p. 244 et 245, note 6; Marcadé, art. 201 et 202, n° II; Demolombe, III, n° 357.

2. Duranton, II, n° 363; Vazeille, I, n° 283; Marcadé, art. 202, n° II.

S'il y a bonne foi de la part de l'un des époux seulement, ce sera pour lui seul que le mariage aura ses effets; il pourra donc, selon son intérêt, demander le partage des biens communs, soit d'après les clauses du contrat, soit d'après les règles de la communauté légale, soit d'après les règles des sociétés ordinaires; cependant la femme même de mauvaise foi, pourra renoncer à la communauté; il jouira seul des avantages matrimoniaux, fussent-ils stipulés réciproques; il succédera seul à ses enfants; mais les enfants de l'époux de mauvaise foi succèdent et à lui et à ses parents; par droit de réciprocité, les parents de l'époux de mauvaise foi doivent aussi être admis à la succession des enfants de ce dernier; s'il existe des enfants nés du mariage, les avantages faits en considération du mariage, par des tiers à l'époux de mauvaise foi même resteront néanmoins valables.

CHAPITRE III.

De la preuve de la célébration du mariage.

L'art. 194 pose d'abord le principe général en cette matière, c'est que « nul ne peut réclamer le titre d'époux et les effets civils du « mariage, s'il ne représente un acte de célébration inscrit sur le « registre de l'état civil, » mais il ajoute « sauf les cas prévus par « l'art. 46, au titre des actes de l'état civil. »

La première exception à la règle générale a donc lieu pour nôn-existence ou perte des registres de l'état civil, et pour les cas, qui par analogie s'y rattachent; dans ces cas la célébration du mariage pourra donc être prouvée tant par écrits que par témoins.

La disposition de l'art. 194 ne s'applique pas aux époux seulement, mais à toute personne intéressée.

La possession d'état d'époux légitimes la plus longue ne pourrait suppléer à la production de l'acte de célébration inscrit sur les registres de l'état civil (art. 195), que la contestation soit engagée

7

entre les époux seulement ou entre les époux et des tiers; d'un autre côté, aucun des époux qui ont une possession d'état d'époux légitimes, ne peut, quand l'acte de célébration devant l'officier de l'état civil est représenté, demander la nullité de cet acte (art. 196) ni contre son conjoint, ni contre des tiers; mais les tiers pourraient invoquer la nullité de la célébration, soit contre les époux, soit contre l'un d'eux.

Si l'acte représenté n'a été inscrit que sur une feuille volante, son efficacité est absolument nulle; la loi exige un acte inscrit sur le registre de l'état civil; car l'acte dont elle parle aux trois articles 194, 195, 196 est toujours le même. [1]

La deuxième exception à la règle générale de l'article 194 nous est indiquée par l'art. 197, qui dit: « Si néanmoins dans le cas des « art. 194 et 195 il existe des enfants issus de deux individus, qui « ont vécu publiquement comme mari et femme et qui soient tous « deux décédés, la légitimité des enfants ne peut être contestée sous « le seul prétexte du défaut de représentation de l'acte de célé- « bration, toutes les fois que cette légitimité est prouvée par une « possession d'état qui n'est point contredite par l'acte de naissance. »

Nous voyons donc que les enfants, pour prouver leur légitimité, peuvent suppléer à la représentation de l'acte de célébration du mariage de leurs parents par des présomptions; mais, pour qu'ils le puissent, il faut les quatre conditions suivantes : 1.º il faut que les pères et mères soient tous deux décédés, 2.º et qu'ils aient eu la possession d'état d'époux légitimes; 3.º que les enfants aient eu la possession d'état d'enfants légitimes; 4.º et que cette possession d'état d'enfants légitimes ne soit pas contredite par leur acte de naissance.

Il faut que les deux époux soient morts, car si l'un d'eux vivait encore, il pourrait indiquer le lieu de la célébration du marige, et on pourrait se procurer l'acte de cette célébration; la nature des

1. Duranton, IJ, n° 251; Marcadé, art. 196, n° 3; Demolombe, n° 323.

choses et la raison de la loi doivent faire étendre l'exception, aux autres cas où il y a pour l'enfant impossibilité de se faire renseigner sur le lieu et sur l'époque de la célébration, par exemple au cas de démence, imbécillité, absence déclarée des époux.[1]

L'enfant, qui a la possession d'état d'enfant légitime, devra néanmoins prouver la possession d'état d'époux légitimes de la part de ses parents, l'art. 197 veut la preuve de l'une et de l'autre; de plus, ces deux possessions d'état devront, pour produire leur effet, ne pas être contredites par l'acte de naissance; si donc l'acte de naissance portait que l'enfant est enfant naturel de Jeanne et de Jacques, ou né de Jeanne et d'un père inconnu, ce démenti donné à la possession d'état de l'enfant et de ses auteurs ferait évanouir la présomption que la loi en avait tirée; mais il faut bien remarquer que l'enfant n'est pas obligé de représenter son acte de naissance comme l'exigeaient les premières rédactions de notre article; de plus l'acte de naissance ne doit pas qualifier l'enfant de légitime, il suffit qu'il ne le dise pas naturel.[2]

La possession d'état, soit des époux, soit des enfants, se prouvera par témoins, par écrit; les éléments constitutifs de cette possession peuvent se résumer dans les trois mots : *nomen, tractatus, fama;* c'est-à-dire il faut avoir porté le nom de l'époux ou du père, avoir été traité comme enfant, comme époux légitimes, avoir passé pour tels aux yeux du monde.

La présomption que l'art. 197 déduit des faits qu'il énonce, n'est pas absolue cependant; elle ne subsiste que jusqu'à preuve contraire; la légitimité d'un enfant pourra être combattue par tous les moyens par lesquels on pourrait l'attaquer, malgré la production de l'acte de célébration.

---

1. Demolombe, III, n°s 395 et 396; Duranton, II, n°s 254 et 255; Vazeille, I, n° 214; Marcadé, art. 197, n° II.

2. Locré, IV, p. 410, art. 16; p. 420 à 422, n.° 20; p. 432, art. 41; p. 469, n°s 4 et 6.

Le troisième cas, dans lequel on est admis à prouver la célébration du mariage par d'autres moyens que la présentation de l'acte de cette célébration, se trouve indiqué dans l'art. 198, ainsi conçu : « Lorsque la preuve d'une célébration légale d'un mariage se trouve « acquise par le résultat d'une procédure criminelle, l'inscription d'un « jugement sur les registres de l'état civil assure au mariage, à comp- « ter du jour de sa célébration, tous les effets civils, tant à l'égard « des époux, qu'à l'égard des enfants issus du mariage. »

Pour que notre article soit applicable, il faut donc avant tout qu'il y ait un fait atteint par la loi pénale; mais il ne faut pas absolument que ce fait coupable soit un crime, ainsi que pourrait le faire croire le mot « procédure criminelle », qui est pris ici dans le sens générique ; l'art. 198 recevrait son application dans le cas même d'un simple délit, dont la répression aurait été poursuivie devant les tribunaux correctionnels; comme par exemple la rédaction de l'acte de célébration sur une feuille volante.[1]

Notre article dit que l'inscription du jugement fait produire au mariage tous ses effets civils, à partir du jour de la célébration. Cet article dit beaucoup trop; le jugement ne statue pas sur la validité du mariage; il dit seulement que la célébration a eu lieu, ce qui ne rend pas le mariage inattaquable; car il pourrait très-bien se faire que, malgré la célébration en toutes formes, cette union ne produisît aucun effet.

L'art. 199 nous indique dans quel ordre les parties intéressées peuvent poursuivre l'auteur de la fraude; il porte : « Si les époux, « ou l'un d'eux, sont décédés sans avoir découvert la fraude, l'ac- « tion criminelle peut être intentée par tous ceux qui ont intérêt de « faire déclarer le mariage valable, et par le procureur impérial. »

La rédaction de cet article est très-vicieuse; si on le prenait à la lettre, on arriverait à des conclusions complétement fausses. Ainsi,

---

1. Locré, IV, p. 410 et 411, art. 17 et 18; p. 422, n° 21; p. 432, art. 42.

d'abord l'article dit que dans les cas qu'il prévoit, l'action criminelle peut être intentée, etc.; il n'en peut être ainsi. Les parties
privées n'ont que l'action civile, tendant à la réparation du préjudice qui leur a été causé par le crime ou délit; le ministère public
ne peut intenter que l'action criminelle tendant à la répression
(Cod. d'instr. crim., art. 1, 2, 3, 4). Par action criminelle il faut
donc entendre action dirigée au criminel, c'est-à-dire l'action civile
par les intéressés, l'action criminelle par le procureur.

Notre article semble dire que le procureur ne peut agir que lorsque les époux, ou l'un d'eux, sont morts sans avoir découvert la
fraude; il ne pourrait donc agir ni du vivant des deux époux, ni
si, connaissant la fraude, ils sont morts sans avoir agi ; ceci encore
serait faux : le ministère public peut toujours intenter l'action tendant à l'application de la peine.

Une troisième conclusion qu'on tire de notre article, pris à la
lettre, c'est que si les époux sont morts connaissant la fraude, et
n'ayant pas agi, personne ne pourrait réclamer ; mais nous objecterons que la loi statue *de eo quod plerumque fit* ; et, en effet, gé-
néralement les époux agiront dès qu'ils connaîtront la fraude, et
s'ils n'ont pas agi, c'est qu'il est très-probable qu'ils ont ignoré la
fraude; il faudrait donc remplacer les mots « sans avoir découvert
la fraude » par ceux-ci « sans avoir intenté l'action. »

L'art. 200 nous présente une dérogation au principe général que,
le procureur ne peut jamais intenter d'action civile; en effet, il porte
que : « si l'officier public est décédé lors de la découverte de la
« fraude, l'action sera dirigée au civil contre ses héritiers, par le
« procureur impérial, en présence des parties intéressées et sur leur
« dénonciation. »

L'article a pour but d'empêcher les connivences coupables entre
les héritiers de l'officier public et des personnes qui voudraient se
procurer la preuve de la célébration d'un mariage, qui n'a jamais
été célébré.

Cet article statue encore de *eo quod plerumque fit ,* et nous croyòns qu'il faut étendre sa disposition à tout auteur du faux, et lire, « si le coupable est décédé, » au lieu de « si l'officier public est décédé[1], » de même ici comme dans l'article précédent, il faut remplacer les mots « lors de la découverte de la fraude, » par les mots « lorsque l'action est intentée. »

---

1. Aubry et Rau, p. 225, note 28; Marcadé, art. 200, n° 2; Vazeille, I, n° 208; Duranton, II, n° 262.

PROCÉDURE CIVILE.

Des renvois pour cause d'incompétence de litispendance et de connexité.

(Code de procédure civile, art. 168 à 172.)

Le §. 2 du titre IX, du livre II de la première partie du Code de procédure, traite des renvois, c'est-à-dire des exceptions qui ont pour but de faire renvoyer une affaire devant un autre tribunal; trois causes peuvent motiver ce renvoi, ce sont : 1.º l'incompétence du tribunal saisi; 2.º la litispendance; 3.º la connexité.

Les trois exceptions portent le nom d'exceptions d'éclinatoires.[1]

Le mot exception, qui a passé du Droit romain dans notre Code, a cependant pour nous une tout autre signification; en effet, à Rome l'exception était une conséquence naturelle de la division des pouvoirs entre le préteur et le juge, d'après le système de la procédure formulaire. L'exception avait pour but de restreindre, de modifier, de tempérer la sévérité de la loi civile, au moyen de quelques mots, que le préteur ajoutait à la formule, en considération de l'équité de la justice; comme par exemple : *si in ea re nihil metus*

---

1. Pigeau, Procédure civile, tome I, p. 130.

causa factum est, » et d'autres qu'on peut voir aux Institutes de Justinien, livre IV, titre XIII; mais notre système de procédure n'offrant rien d'analogue au système de la procédure formulaire des Romains, les exceptions, chez nous, ne peuvent pas non plus avoir le même but que sous ce dernier système.

En effet, les exceptions dont nous avons à parler, ne tendent pas à prouver le bon droit du défendeur, à apprécier les prétentions du demandeur et à les combattre; leur but est uniquement de retarder l'examen de la cause, de demander des garanties pour le paiement des frais et des dommages et intérêts, d'attaquer la forme de la demande, etc., comme on le voit dans les différents paragraphes de notre titre IX, et tout cela sans discuter, sans examiner la valeur de la demande, le fond de l'affaire.

Voyons maintenant, l'une après l'autre, les trois causes qui motivent les renvois.

1.º L'incompétence du tribunal; ce cas est réglé par les trois articles 168, 169, 170 ainsi conçus :

Art. 168. « La partie qui aura été appelée devant un tribunal autre « que celui qui doit connaître de la contestation, pourra demander « son renvoi devant les juges compétents.

Art. 169. « Elle sera tenue de former cette demande préalablement « à toutes autres exceptions et défenses.

Art. 170. « Si néanmoins le tribunal était incompétent à raison « de la matière, le renvoi pourra être demandé en tout état de cause, « et si le renvoi n'était pas demandé, le tribunal sera tenu de ren- « voyer d'office devant qui de droit. »

La qualification de renvoi que la loi donne au déclinatoire, à l'exception d'incompétence, n'est pas parfaitement exacte; la différence entre les renvois du titre XX de notre livre II, et le déclinatoire pour incompétence est sensible; dans le cas d'incompétence, en effet, le tribunal saisi ne renvoie pas à un autre tribunal qu'il désigne, il ne le peut même pas, car il n'est pas juge de la compé-

tence des autres tribunaux; il se contente de se déclarer incompétent et de renvoyer les parties « devant les juges compétents » devant
qui il appartiendra, « devant qui de droit, » tandis que dans le cas
de renvoi pour parenté ou alliance, les juges renverront devant un
tribunal déterminé par eux. (Art. 373 du C. de pr. civ.)

L'article 169 veut que le renvoi pour cause d'incompétence soit
demandé avant toutes autres exceptions et défenses; l'article 170 porte
qu'en cas d'incompétence du tribunal, *ratione materiæ*, ce renvoi
peut être demandé en tout état de cause; on voit donc que la loi
a entendu parler de deux sortes d'incompétence.

Voyons quelles sont ces deux espèces d'incompétence; comment
elles se distinguent l'une de l'autre.

Pour déterminer le tribunal compétent pour juger une affaire, il
faut résoudre deux questions :

D'abord il faut connaître quelle est la branche à laquelle l'affaire
doit être portée; quelle est l'autorité, la juridiction compétente pour
juger; est-ce le tribunal administratif, le tribunal civil, le tribunal
de commerce ? Il faut encore savoir à quel degré de juridiction
l'affaire doit être portée; est-ce devant le juge de paix, devant le
tribunal d'arrondissement, devant la Cour d'appel ? Ces deux éléments,
la branche compétente, le degré de juridiction compétent constituent
la compétence *ratione materiæ*.

Mais cela ne suffit pas, le tribunal compétent n'est pas encore
déterminé; il faut examiner à quel tribunal de la branche et du
degré prescrits il faudra porter l'affaire; quels seront parmi tous les
juges de la classe compétente ceux qui devront connaître du diffé-
rend; en d'autres mots, quels sont les juges compétents à raison de
la personne?

Cette distinction est très-importante, car l'article 169 prévoit le
cas d'incompétence *ratione personæ*; l'article 170 prévoit l'incompétence *ratione materiæ*. Les différences entre les résultats de l'une et
de l'autre sont très-importantes. L'incompétence *ratione personæ* doit

8

être proposée avant toutes autres exceptions ou défenses; la partie qui consentirait à plaider devant le tribunal incompétent couvrirait par là cette incompétence; cependant ce tribunal aurait toujours le droit de refuser de prendre connaissance des affaires concernant des personnes qui ne seraient pas ses justiciables, et de les renvoyer devant qui de droit, même si l'incompétence était couverte pour le défendeur; car le demandeur, en saisissant le tribunal, perd le droit de réclamer contre l'incompétence de ce tribunal.

Quelle est la portée de ces mots « avant toutes autres exceptions et défenses ? » Faut-il en conclure que l'exception fondée sur l'incompétence *ratione personæ* doit être proposée avant la demande de caution dont parlent les articles 166 et 167 ? Nous ne le pensons pas; l'article 166 porte que la demande de caution doit être faite avant toute exception, et nous croyons que le but de la loi serait manqué, si on était obligé de proposer l'exception d'incompétence avant la demande de caution; l'ordre à suivre, pour proposer les diverses exceptions, c'est, selon nous, celui dans lequel le Code de procédure les énumère. [1]

L'incompétence *ratione materiæ* intéressant l'ordre public, peut être demandée en tout état de cause par le défendeur et par le demandeur, car leur volonté, soit tacite, soit formelle, ne peut pas renverser l'ordre des juridictions, donner la compétence pour une nature d'affaires à un tribunal auquel la loi la refuse; de plus, le ministère public, si aucune des parties ne demande le renvoi, devra le requérir, et même le tribunal, quand il reconnaît son incompétence, doit renvoyer les parties d'office, toujours « devant qui de droit, » « devant les juges qui doivent en connaître. »

Nous arrivons maintenant aux deux autres causes de renvoi, prévues par l'art. 171 : ce sont la litispendance et la connexité. L'art. 171 dit : « S'il a été formé précédemment en un autre tribunal une de-

---

1. Boitard, art. 170, n° 434, p. 430; Dalloz, éd. de 1827, tome VII, voyez Exceptions, n° 3.

« mande, pour le même objet, ou si la contestation est connexe à
« une cause déjà pendante en un autre tribunal, le renvoi pourra
« être demandé et ordonné »;

2.° La litispendance;

3.° La connexité.

Il y a litispendance, lorsqu'au moment de l'introduction de l'instance, il existe entre les mêmes parties une demande déjà formée
pour la même affaire. La seconde demande peut être formée, soit
dans un autre tribunal, soit dans une chambre du même tribunal; dans le second cas, les avoués des parties se présenteront devant le président du tribunal, qui statuera sur la jonction des deux
affaires identiques; il en serait de même, si les affaires étaient con-
nexes; c'est ainsi que le veut l'art. 63 du décret du 30 mars
1808.

Le but de la loi, en introduisant l'exception de litispendance,
était d'empêcher la contrariété, l'opposition de deux jugements, ren-
due entre les mêmes personnes, sur la même cause; contrariété, à
la suite de laquelle on ne saurait quel jugement exécuter, opposition qui rendrait impossible l'exécution simultanée des deux jugements. — Le défendeur qui serait assigné devant un second tribunal, pour la même affaire, aurait encore un autre moyen, pour
éviter deux jugements, c'est la voie du règlement de juges; matière
qui est traitée par le titre XIX du livre II.

Il y a connexité toutes les fois que la demande formée est liée
si intimement à une autre, déjà intentée devant un autre tribunal,
que le jugement de l'une influera nécessairement et puissamment
sur le jugement de l'autre; toutes les fois que la correlation entre
les deux demandes est telle que deux sentences différentes venant à
être rendues, l'exécution des deux pourrait se contrarier.

Quelle est l'époque à laquelle les exceptions de litispendance et
de connexité doivent être proposées? L'art. 179, qui parle de ces
deux exceptions, garde le silence sur ce point; nous en concluons

qu'il faut leur appliquer l'art. 169, comme à l'exception d'incompétence *ratione personœ ;* car ces trois exceptions se trouvent comprises dans le même paragraphe, il faut donc les placer sur la même ligne[1]. Cette conclusion est sans doute rigoureuse, vu que pour avoir omis d'opposer dès l'abord l'exception de litispendance, une partie pourrait, dit-on, se voir obligée de plaider la même affaire devant deux tribunaux ; mais la partie aura toujours un moyen pour empêcher les deux jugements, qui pourraient être contradictoires, ce sera de demander à l'un des tribunaux de surseoir, jusqu'à ce que l'autre ait statué définitivement, ou encore de demander le règlement de juges.

L'art. 172 nous indique la manière de faire juger les demandes en renvoi, cet article s'applique aux trois exceptions que nous venons de voir. « Toute demande en renvoi, dit-il, sera jugée sommairement, sans qu'elle puisse être réservée ni jointe au principal. »

Le mot sommairement n'est pas employé ici dans le sens des art. 405 et suivants, qui nous indiquent la marche des procédures sommaires par opposition à la procédure ordinaire. Car d'abord les demandes en renvoi ne se trouvent pas dans l'énumération de l'art. 404; de plus, les matières sommaires ne sont pas précédées des requêtes de défense et de réponse, tandis que l'art. 75 du tarif porte que la requête pour proposer un déclinatoire ne pourra excéder six rôles; ce que la loi entendait dire, c'est que le renvoi devra être jugé avec célérité, avec promptitude.

Le tribunal ne peut pas statuer sur le fond par le même jugement qui rejette le déclinatoire; « la demande en renvoi ne pourra être ni réservée ni jointe au principal. » La raison en est qu'il pourrait arriver que le tribunal prît connaissance de l'affaire et fît instruire et plaider la cause; en un mot, exerçât la compétence, quand cependant elle est contestée, quand on la lui dénie, et que

---

1. Dalloz, VII, p. 597, n° 7; Pigeau, I, p. 129.

peut-être le tribunal lui-même reconnaîtra qu'il n'a jamais pu connaître de cette affaire, vu qu'il était incompétent.

L'art. 425 consacre une exception au principe de l'art. 172; les
tribunaux de commerce peuvent, d'après cet article, par le même
jugement rejeter le déclinatoire et statuer sur le fond, mais à charge
de le faire par deux dispositions distinctes.

Nous venons de voir qu'il faut deux jugements séparés, l'un re-
jetant le déclinatoire, l'autre jugeant le fond de l'affaire; ces deux
jugements ne peuvent pas être rendus à la même audience; c'est une
conséquence de l'art. 147, d'après lequel le jugement ne peut être
exécuté qu'après avoir été signifié à avoué, et il faudra même un
délai de huit jours au moins, à partir du jugement qui rejettera le
déclinatoire, pour pouvoir venir devant le tribunal conclure et plaider sur le fond; car l'art. 454 dit que l'appel est recevable, lorsqu'il s'agit d'incompétence; l'art. 449 défend d'interjeter appel avant
l'expiration du délai de huitaine, à dater du jour du jugement, et
l'art. 450 suspend pendant ladite huitaine l'exécution des jugements
non exécutoires par provision; or, ce serait exécuter le jugement par
lequel le tribunal se déclare compétent que de plaider au fond;
il faut donc nécessairement attendre l'expiration du délai de huitaine.

Vu pour l'impression, le Doyen, Président de la thèse.

Strasbourg, le 2 décembre 1854.

C. AUBRY.

www.ingramcontent.com/pod-product-compliance
Lightning Source LLC
Chambersburg PA
CBHW032306210326
41520CB00047B/2252